Aprender por f(r)ases

Aprender por f(r)ases

David Rey

Círculo Rojo
EDITORIAL

Primera edición: marzo 2024

Depósito legal: AL 583-2024

ISBN: 978-84-1061-888-6

Impresión y encuadernación: Editorial Círculo Rojo

© Del texto: David Rey
© Maquetación y diseño: Equipo de Editorial Círculo Rojo

Editorial Círculo Rojo
www.editorialcirculorojo.com
info@editorialcirculorojo.com

Impreso en España — Printed in Spain

Índice

AGRADECIMIENTOS

Quiero comenzar dándole gracias a la editorial Círculo Rojo por darme la oportunidad de publicar mi primer libro. La verdad, nunca había pensado que la lectura y la escritura llegarían a ser importantes en mi vida, de la forma en la que son actualmente. Soy muy feliz de poder contar con la suerte de su apoyo a la hora de realizar esta primera publicación. Esperando a que en tiempos venideros pudiese llegar a tener más publicaciones de otros libros.

Por otra parte, quiero agradecer de todo corazón a las personas que me han inspirado en este libro. Parte de todas ellas están aquí. En mi vida he aprendido muchas cosas, pero *Aprender por f(r)ases* es quizá la forma más bonita que he tenido de llevarme aprendizaje en mi vida y la que considero más especial.

Cada capítulo lleva ya un agradecimiento concreto a esas personas que fueron, son y serán especiales para mí y me inspiraron a realizar este libro. Además, la motivación extrínseca que recibía de estas mismas personas ha sido suficiente como para yo poder crear una manera de ver el mundo totalmente propia. Muchas personas de las que menciono ya no están en mi vida, pero abrazo sus enseñanzas y sus recuerdos conmigo. Los amo. Pues creo que es lo más bonito que existe cuando ya no tienes la posibilidad de seguir sumando experiencias junto a aquellos seres queridos que ya dejaron de formar parte de tu propia vida.

En especial quiero y desearía empezar agradeciendo a Vanessa Gómez, la cual ha sido y será siempre la persona más increíble que he conocido en mi vida. Guardo en mi memoria todas las experiencias que con ella viví y de las que aprendí muchísimo. Gran parte de lo que soy como persona se lo debo a ella y donde sea que esté en este momento, si llega a leer esta obra, desearía que la hiciera en una mesa con orquídeas, junto con un café colombiano, en un *table basse,* en el mejor de los espacios que desee para su lectura. Pues sería un honor de mi parte que así lo leyera y apreciase mis aprendizajes.

Otra persona a la que quiero agradecer todo su trabajo, esfuerzo, escucha, dedicación (imagino que me faltarán palabras) es a Silvina Ozuna. Mi psicóloga. Es para mí un honor y un grato placer haber conocido a una mujer tan sabia como ella.

En la mayoría de las ocasiones me he definido como una persona introvertida, cuando en la realidad mi introversión se debía a la falta de sensación de que me escuchasen las demás personas. Sinceramente, durante las primeras sesiones que tuve con Silvina iba con miedo a ser juzgado o a que valorase mis acciones como positivas o negativas (que, vaya, viene a ser lo mismo en esencia).

No obstante, en ningún momento me sentí así, y gracias a eso me pude con el tiempo abrir a contar cosas que nadie sabe más que ella, teniendo en cuenta el obvio compromiso por la confidencialidad.

Muchos capítulos de este libro están relacionados cuestiones psicológicas, gracias al proceso terapéutico que seguí con ella de la mano y como guía. Su validación ha sido para mí muy importante, al igual que sus correcciones, preguntas planteadas y sobre todo (como veréis en este libro) el amplio abanico de frases que me quedaron marcadas y generaron en mí ese «clic mental» para la toma de decisiones y la asimilación y aceptación de las consecuencias posteriores.

Además, agradezco la posibilidad en su práctica profesional de darme vía libre para trabajar conmigo mismo de una forma autónoma, siguiendo ella —desde una periferia no muy lejana— las decisiones, consecuencias y emociones que me generaban las mismas que me he ido encontrando a lo largo de los últimos meses que llevo realizando sesiones de terapia con ella. Aprovecho estas últimas líneas, para invitar a todas las personas lectoras que puedan plantearse la posibilidad de acudir a terapia con una persona profesional como Silvina. Reitero. Gracias.

Y cómo no… no puedo olvidarme de mis amistades, más concretamente de aquellas que me apoyaron fervientemente en mis momentos más duros. Gracias, Marc, por tu serenidad y la escucha que me has dado siempre desde hace años, que se cuentan ya por lustros. Gracias, Nacho, por ser capaz de sacarme sonrisas en momentos desagradables, por darme la oportunidad de abrazar tus palabras.

De ambos tengo que compartir mi más sincera admiración por la capacidad de análisis sobre los conflictos que habéis tenido de una forma holística. La cual me ha permitido ver con claridad qué son las cosas verdaderamente importantes en la vida. Admiro muchísimo eso, puesto que la tarea de un amigo cuando está mal es muy complicada, pero lo habéis sabido gestionar y apoyarme suficientemente bien.

Por otra parte, gracias también a Rodrigo y David Isern. La reserva universitaria. Por también darme un espacio seguro donde yo poder compartir mis inquietudes y tener una reflexión grupal sobre nuestros quehaceres y experiencias que nos marcan a los tres. Me siento muy feliz de poder compartir espacios de reflexión intrapersonal con vosotros dos, a la par que sacar conclusiones que evocan el seguir luchando y mejorando como personas.

Quiero agradecer a todos los profesores que me han marcado en estos últimos años. La verdad, por desgracia, no son muchos —a pesar de haber estudiado en la educación pública toda mi vida y que mi formación actual esté siendo la pedagogía—, pero viendo el lado positivo, eso me permite nombrar a todos, sin miedo a olvidarme de ninguno/a.

A quien más le debo mis aprendizajes y resolución de inquietudes es a Carles Baeza. Siempre he pensado que tiene un buen apellido, pues tiene buena rima con una realidad que define su labor como docente, pues: *Es un guía de pies a cabeza*. Decenas son los compañeros/as a los que les he dicho: «Ojalá lo hubieses tenido como profesor». Pues es, sin duda alguna, el mejor que he tenido y con el que mejor he conectado en mi estadía por FP.

Seguido de él, me gustaría agradecer a todos los demás profesores que se suman a una lista —pequeña— de aquellos que yo clasificaría como docentes ejemplares y dignos de valorar su profesionalidad por toda persona que los haya conocido:

Juan Hernández (profesor de Metodología de la intervención social y animación turística), gracias. Sergi Moll (profesor de Historia de la educación), gracias. Alejandro García (profesor de Procesos psicológicos básicos), gracias. César Llorente (profesor de Formación en las empresas), gracias. Albert Flexas (decano de mi facultad y profesor de Psicología del desarrollo), gracias. Y Andrés Nadal (profesor de Métodos y técnicas de investigación), gracias.

Ojalá en un futuro pueda añadir más nombres a esta lista, sobre todo de profesoras. Ninguna que haya tenido ha sido un genio que sobresalga como los mencionados, pero por el momento la cosa queda así...

Gracias también a mis padres y a mi hermana por el apoyo recibido en la publicación del libro, sin vosotros no habría sabido cómo dar los primeros pasos en la publicación que se realizó ni tampoco los contactos para poder efectuarlo junto con la editorial. Gracias por las cosas que me habéis enseñado y permitirme tener el espacio para escribir este libro.

Y, finalmente, gracias a ti, lector. Gracias por elegir este libro y querer leerme. Es difícil ser leído cuando se es novato y joven. Más difícil todavía si no tienes herramientas de difusión muy elevadas ni un presupuesto económico multimillonario. Contar con tu voto hacia mi persona es algo que merece mi agradecimiento.

Gracias, querido/a lector/a. Por apoyarme.

Att. David Rey Roinssard.

En fecha de: 1 de noviembre de 2023

INTRODUCCIÓN
¿Qué es este libro y para qué lo necesito?

Lo primero que hay que destacar es que este libro no sustituye ni pretende sustituir las terapias psicológicas. Son solo un constructo de mi experiencia y vivencias de aprendizaje, extraídas de frases que me han dicho personas que forman o han formado parte de mi vida de una manera significativa para mi desarrollo como persona.

Este libro recoge varias frases que me hicieron reflexionar y cambiar la manera de actuar y ver el mundo. Y cuentan con la inspiración de esa «hucha de frases, mochila de frases, recipiente de frase...» (*como se quiera llamar*) de las personas mencionadas en los agradecimientos y otras que no fueron mencionadas, como Jaime Altozano, Ter Cosmic Queen, Nací Dramática, Montse Cazcarra, Albert Espinosa, Luis Piedrahita, entre otros/as.

Estos, sumados a mi toque y sello personal, fueron la inspiración para iniciarme en la redacción de este libro, al cual he titulado *Aprender por f(r)ases.*

Como tal, aunque la categoría en la que muy probablemente acabe colocándose este libro, en las estanterías de las diferentes librerías en las que puedas encontrar esta obra, sea muy probablemente aquellas relacionadas con temas de psicología o pedagogía. En esencia, no deja de ser una valoración personal sobre mi desarrollo como persona (el cual —por suerte— está en constante actualización).

Este no es más que un recopilatorio de frases que he escuchado. Me han gustado. Y después he reflexionado más profundamente sobre ellas, creando herramientas y técnicas para mejorar diferentes situaciones adversas del día a día. Así de simple.

Como podrás ver, la extensión de este libro está pensada para las personas con tiempo justo… A diferencia de muchos otros autores/as que dedican ocho horas diarias (pensando en que el resto de los mortales tienen ese mismo tiempo disponible para leer), escriben obras de ochocientas, novecientas o hasta incluso más de mil páginas —a cuál más redundante que la anterior—. Este libro muy probablemente te lo termines en dos semanas, como mucho en un mes, si lo lees muy despacio y con mucho cariño.

Además de leerlo en poco tiempo, también te llevarás técnicas y herramientas con las que poner en práctica con tus vínculos más cercanos, y con la posibilidad de mejorarlas, ir más lejos y reflexionar a partir de mis propias reflexiones. Una metareflexión.

Te darás cuenta de una cosa curiosa y es que dependiendo de tu estado de ánimo un día estarás de acuerdo conmigo y otro día, no. Eso se debe a, como decía Ter en un vídeo suyo donde explicaba la diferencia entre el *plano de la realidad* y el *plano de la performance*: «Somos humanos y tenemos multitudes».

Pues de la misma manera que cuando ibas al cole lo acababas odiando, pero a su vez eras capaz de sacar cosas positivas del colegio si te hacían un planteamiento y/o reflexionar de una forma diferente del mismo en otro momento, con este libro te sucederá lo mismo. Depende del día verás mis reflexiones de la misma manera que yo, o de una forma totalmente opuesta.

Eso se debe a que he querido cuidar muy bien las emociones con las que yo escribía este libro desde mi ordenador, en mi habitación. Esas emociones vienen reflejadas como detalle sorpresa en cada uno de los capítulos. Parte de tu misión como lector/a no solo es entender mis reflexiones o intentar aplicar las técnicas y herramientas que te explico en cada capítulo, sino también entender el estado anímico que tenía cuando las escribía. Te recomiendo escribir en el borde de la página qué emoción crees que tiene reflejado cada capítulo y cuál es la que tienes tú al leerlo.

Retomando una cosa importante acerca de este libro, es que lo escribí rápido, en un lugar cómodo y privado para mí. Y lo hacía cada vez que tenía pensamientos o ideales cruzados, intentando seguir tres pautas sencillas: ser breve, tener mi chispa personal y no perder la chispa de la gente de la que me inspiro. Pero, sobre todo: ser breve, conciso.

Porque mi idea es que puedas aprender de mí (o parte de lo que yo soy/era en esos momentos) de la forma más clara, concisa y breve posibles. Me aferro a la idea de que «menos es más» a la hora de redactar este libro. Y así lo siento bien.

Además, este libro no pretende ser más que una pequeña guía complementaria para poder reflexionar y sacar tú mismo/a tus propias ideas y cómo gestionar tus recursos personales a la hora de afrontar según qué situaciones.

Este libro no sigue un orden concreto, de la misma forma que lo hace una novela o un cuento. Cada capítulo es independiente y, si bien pueden tener una mera relación por algo que tengan en común, es importante que no tomes mis palabras al pie de la letra si quieres poner en práctica las herramientas que yo describo.

Por favor, te invito a que antes de lanzarte a la piscina sin ver si hay agua debajo te pongas en contacto con un profesional de la salud especialista en estos temas (psicólogo), antes y después de efectuar cualquier práctica y/o decisión.

No me hago ni quiero hacerme responsable si lo que te muestro en este libro termina haciéndote más mal que bien porque, a fin de cuentas, el infierno siempre estará lleno de buenas intenciones y, por muy buenas que tenga, soy consciente de que todo en la vida tiene muchos matices.

Aprender por f(r)ases es como un manual reflexivo e introductorio de cómo las frases que se te quedan grabadas en la memoria pueden utilizarse para generar cambios positivos en tu vida. Esa es quizá la primera razón por la cual deberías leer este libro al completo.

Otro motivo por el cual deberías de leer este libro es porque muchas de las técnicas que se explican tienen que ver con los vínculos entre personas y vínculos introspectivos. Es, por tanto, importante y será algo que repetiré en muchas ocasiones, que tengas claro que eso me funciona a mí y me da bienestar a mí, porque son cosas que he creado yo y tienen mi ser y mi creatividad. Pero eso no significa que no las puedas poner en práctica o adaptar.

Es muy importante que tengas en cuenta que cualquier proceso de resolución y desarrollo personal tiene que contemplar tu esencia como persona y, por ende, también tu creatividad a la hora de abordar ciertas situaciones.

Termino esta introducción pidiéndote que, si lees este libro, estés en un sitio cómodo, agradable, con olores que te gusten y con colores que te recuerden a cosas bonitas. Parece una tontería, pero se disfruta diferente la lectura si adaptas tu espacio de una forma agradable para la misma.

Yo, en mi caso, tenía una orquídea en mi mesa de trabajo. Vestía siempre con una camiseta de flores (tipo *hawaiano*). Lo hacía siempre después de ir a la cocina a tomar un café. Y reposaba de la escritura cada media hora para así sentir que lo que escribo no se hace tedioso. Espero que así lo sientas. Así lo deseo.

Muchas gracias por leerme, disfruta de las frases y recuerda que tú también puedes tener muchas frases que te inspiren a hacer cambios en tu vida y a mejorar como persona. Te invito a ello, este libro en esencia forma parte de mi proceso terapéutico, para darme cuenta de aquellos pensamientos internos que tenía cuando me paraba a pensar en cada una de estas frases que dejo escritas por aquí.

LA LEY DE LA PARSIMONIA

En recuerdo a Alejandro García, mi profesor de Procesos psicológicos básicos.

La ley de la parsimonia, también conocida como el principio de parsimonia o el principio de simplicidad, es un concepto que sugiere que, entre varias explicaciones o teorías que son igualmente efectivas para explicar un fenómeno, la más simple suele ser la preferida. En otras palabras, cuando hay múltiples explicaciones posibles para un conjunto de datos, la opción más simple y directa tiende a ser la más probable.

Esta ley expone en latín «*entia non sunt multiplicata, preater necesitatem*». Traducido al español sería: «No multiplique las ideas, si no hace falta. Si no es necesario hacerlo».

Este principio se aplica en diversas disciplinas, incluyendo la filosofía, la ciencia, la estadística y la investigación en general. La idea subyacente es que, si dos explicaciones son igualmente buenas para explicar un fenómeno, la más sencilla y con menos suposiciones suele ser la mejor opción.

Este primer capítulo va muy bien para explicar algo que me quedó pendiente en la introducción. Veréis, este es un libro al que yo le he denominado —por mi cara bonita— *respetuoso con el medioambiente.* Y es así porque detesto mucho los libros que tienen cuarenta o cincuenta páginas por capítulo (que necesitas semanas para terminar de leer tan solo uno de ellos, y muchas veces es imposible sacar tiempo para poder leerlos, por lo que se terminan dejando a medias), pudiendo resumirse en diez páginas —o menos incluso—.

En la universidad me hicieron leer un libro sobre teoría de la educación de más de trescientas páginas, que, no nos vamos a engañar, el número de páginas es lo primero que mira la mayoría de las personas, sobre todo aquellas que están empezando a leer. Y ese libro era la cosa más redundante y tediosa que he visto en mi vida. ¡Un desfase era eso! Encima me encontré con la obligatoriedad de leerlo (lo nunca visto) cuando recién iniciaba mis ganas e intereses por la lectura. Imaginaos mi disgusto… (Desde aquí mando un saludo a mis profesores de Teoría de Educación, de la U.I.B.

La cosa está en que este libro pretende ser todo lo opuesto a aquel, y busca seguir esta ley de la parsimonia, como modelo e iniciativa para no cansarte de mí.

Voy a intentar ser lo más escueto, claro y conciso posible para que no te duermas entre mis líneas y puedas sacar provecho de algo que me sirvió a mí, y mucho. Si tengo la posibilidad de ponerte ejemplos para que entiendas mis palabras voy a poner uno o dos ejemplos, no catorce mil para inflar el número de páginas sin razón ni causa aparente.

Creo y pienso que de esta forma ganamos todos. Ganas tú porque lees algo sencillo, gana el Amazonas porque se deforestan menos árboles y gano yo porque tú me compras. Es un *win2win.*

Ahora sí, volviendo al tema de la ley de la parsimonia (aunque no nos hayamos ido del todo de este):

En el ámbito científico, por ejemplo, se busca formular teorías y leyes que sean los más simples y elegantes posibles, pero que aun así expliquen de manera completa y precisa los fenómenos observados. Este enfoque se conoce a veces como «navaja de Ockham», en referencia al filósofo William de Ockham, que abogaba por no multiplicar las ideas, conceptos o pensamientos innecesariamente. Dicho de forma vulgar: «No te montes una película de algo que no ha sido para tanto».

Es importante señalar que la aplicación de la ley de la parsimonia no implica automáticamente que la explicación más simple sea siempre la correcta, pero sugiere que, *ceteris paribus* (con otras cosas iguales), sirve como guía útil para la investigación y para formular teorías nuevas.

En mi caso, esta frase la quiero extrapolar a la manera de reflexionar sobre la vida. Aunque, ojo, como veréis más adelante en este libro, cuando hablamos de «la vida» no todo vale. Es un concepto muy complejo, lleno de variables espurias, y es importante recordar que, aunque la ley de la parsimonia es una guía útil, no es una regla estricta en todas las situaciones (en sí nada debería de ser una regla estricta).

Hay momentos en los que la complejidad es necesaria o inevitable. La clave está en buscar la simplicidad cuando sea posible y beneficioso para algunas situaciones concretas y contextos y tiempos determinados de tu vida.

Esta ley se puede aplicar para varias áreas de la vida cotidiana. En la toma de decisiones, busca soluciones simples y directas. La eficiencia a menudo se encuentra en la opción más sencilla. Al comunicarte, ya sea por escrito o verbalmente, expresa tus ideas de manera clara y simple, para facilitar la comprensión. En la organización y planificación, busca la simplicidad para evitar complejidades innecesarias. En las relaciones interpersonales, evita asumir lo peor sin evidencia sólida y opta por explicaciones simples en malentendidos. En la resolución de problemas, busca la solución más simple antes de explorar opciones más complejas. En el estilo de vida, simplifica rutinas y elimina elementos innecesarios para una vida más ordenada. En la gestión del consumo, elige productos y estilos de vida simples y sostenibles, evitando el consumismo excesivo.

Para concretar más en cada uno de esos ámbitos. Por ejemplo, en la toma de decisiones, aplicar la ley de la parsimonia implica buscar soluciones simples y directas. La simplicidad en las decisiones a menudo conduce a una mayor eficiencia y a la reducción de riesgos.

Optar por lo simple facilita la focalización en lo esencial, evitando la sobrecarga de información. Las decisiones simples son más fáciles de ajustar y adaptar a medida que cambian las circunstancias, lo que favorece la agilidad en la toma de decisiones.

Además, la simplicidad en la toma de decisiones puede ayudar a evitar la procrastinación, ya que decisiones complejas pueden resultar abrumadoras.

La comunicación también se beneficia, puesto que las decisiones simples son más fáciles de transmitir y entender. La parsimonia promueve un enfoque en los resultados deseados, permitiendo una concentración más clara en los objetivos finales y cómo alcanzarlos de manera efectiva.

Cuando hablamos de la ley de la parsimonia en organización y planificación, se trata de simplificar las cosas. La idea es reducir la complejidad para hacer que todo sea más eficiente y claro.

Simplificar ayuda a enfocarse en lo esencial, evitando distracciones innecesarias. Además, facilita adaptarse a cambios porque no estás atascado en un montón de detalles complicados. La comunicación también mejora; cuando las cosas son simples, es más fácil para todos entender qué está pasando.

La reducción del estrés es otra ventaja. Las tareas parecen más manejables cuando no están rodeadas de complicaciones. También optimiza el uso de recursos como el tiempo y la energía, haciendo que todo funcione de manera más eficiente.

La ejecución de planes se vuelve más fácil porque todo es más claro. Y, por último, simplificar fomenta la creatividad al liberar la mente de detalles complicados.

Y, finalmente, cuando se aplica la ley de la parsimonia a la simplificación de rutinas y la adopción de estilos de vida sostenibles, el enfoque es reducir la complejidad innecesaria para lograr una vida más equilibrada y respetuosa con el medio ambiente.

Simplificar implica minimizar los desperdicios y hacer elecciones conscientes sobre el consumo. Esto puede traducirse en comprar productos duraderos, evitar el exceso y ser consciente de la huella ambiental. En términos de eficiencia energética, simplificar implica un uso más consciente de los recursos, como optar por electro-domésticos eficientes y considerar fuentes de energía renovable.

La movilidad sostenible también se alinea con la parsimonia, eligiendo medios de transporte más sostenibles y simplificando la rutina diaria.

La parsimonia en el consumo se traduce en tomar decisiones conscientes, preferir productos locales y sostenibles, y evitar la acumulación de objetos innecesarios. La simplificación puede incluir periodos de desconexión digital para reducir la dependencia de dispositivos electrónicos y fomentar una conexión más profunda con el entorno y las relaciones interpersonales.

Una alimentación sostenible implica simplificar las elecciones alimenticias, favoreciendo opciones locales, de temporada y con menor impacto ambiental. La simplificación financiera, como el presupuesto consciente y la inversión ética, también forma parte de un estilo de vida sostenible. Adoptar un enfoque más simple puede incluir pasar más tiempo al aire libre, conectándose con la naturaleza y contribuyendo al bienestar general.

Sin embargo, expuesto todo esto, es importante destacar que mi profesor Alejandro también nos quiso hacer ver que no todo es «color de rosa» en la ley de la parsimonia. Hay contras muy importantes a destacar: La aplicación rigurosa de la ley de la parsimonia puede llevar a simplificaciones excesivas o a la omisión de detalles importantes. En algunos casos, la realidad es intrínsecamente compleja y requiere consideración detallada. Además, la búsqueda excesiva de simplicidad puede conducir a soluciones demasiado generalizadas que no se adaptan a circunstancias específicas. También existe el riesgo de pasar por alto matices cruciales o de sub-estimar la complejidad real de un problema. En situa-ciones donde la precisión y el detalle son esenciales, la simplificación excesiva puede dar decisiones erróneas o incompletas.

Asimismo, el rechazo automático de soluciones más complejas puede limitar la innovación y la creatividad al evitar abordar problemas desde múltiples perspectivas.

VEMOS EL PASADO POR ENCIMA DEL HOMBRO

Dedicado a Sergi Moll, mi profesor de Historia de la educación.

Sus clases eran —tal y como decía él— «una serie de Netflix». Quizá sea y será el mejor profesor de historia que he tenido jamás.

En este capítulo no vengo a hablar de todo lo que aprendí de su asignatura —pues sería sumamente largo y tedioso escribir toda la historia de la educación desde la prehistoria hasta la actualidad en este libro—. Pero sí veo importante añadir aquí esa frase que una vez, haciendo una reflexión compartida, nos dijo. «Vemos el pasado por encima del hombro». Hoy traigo aquí conmigo lo que me suscitó y lo que aprendí yo de esa reflexión que nos compartió a toda la clase de Pedagogía el primer año de carrera.

Esta reflexión es múltiple. Para poneros en contexto, estábamos hablando en clase de la Edad Media y de cómo era la educación en esa época, más concretamente en los países de Oriente. Sacábamos aprendizaje de cómo eran los árabes en aquel entonces y fue ahí cuando le suscitó a nuestro profesor reflexionar sobre lo que creo que tenía mucha razón.

La reflexión era que se nos habíamos creado un relato alterado sobre el mundo árabe a lo largo de los últimos lustros. Un mundo con una religión diferente a la nuestra y cuyas personas tienen una tez mucho más oscura que la nuestra. Todo eso crea un relato como que son gente intolerante.

A lo largo de mi vida, he conocido gente árabe (mis peluqueros, por ejemplo, pienso que son los mejores que hay, son árabes). Y en la vida no he tenido problemas con ningún árabe. Ellos van a su rollo y nosotros al nuestro. Y aquí, la reflexión que quería compartir radica en que hace nada, muy pocos años, las mujeres cuando iban a misa en las iglesias iban con una mantilla, y que solo se les veía los ojos. Muy parecida al burka que tanto señalamos y enjuiciamos.

Por otro lado, las mujeres aquí en España hace cosa de 30 o 40 años, cuando querían ir a la playa, no podían llevar bikini. Era algo muy mal visto por la sociedad de aquel entonces.

Por tanto, mirar a los otros con sentimiento de «Yo soy el progre, yo soy el liberal» es extremadamente peligroso. Pues hace nada, eso lo teníamos en España también. Y ya no hace tiempo, sino actualmente, tenemos a personas que todavía siguen pensando así, como hace 40 años. Incluso hay opciones políticas que creen que volver a esas épocas es la solución a todos los problemas actuales.

Por tanto, hay que ir con ojo cuando se va por la vida con la idea de pensar que esas sociedades son intolerantes y nosotros somos mucho mejores que ellos por ser más modernos.

Es cierto que tienen problemas con facciones radicales, pero como aquí mismo. Todo requiere su momento de evolución, todo requiere de sus tiempos y sus pausas. En la Edad Media, durante las cruzadas, cuando los cristianos querían convertir a los árabes (considerados infieles para nosotros) y había una guerra, los musulmanes sabían que llegábamos nosotros, los cristianos, por el olor que teníamos.

Los árabes, a nivel higiénico, de infraestructuras, de avances tecnológicos, nos daban diez mil vueltas antiguamente. Eso nos demuestra que hay veces que se involuciona, otras que se evoluciona, que se vuelve tendencia una forma de ver el mundo a nivel social, que esa tendencia cambia y pasa a entenderse de otra manera... El mundo no es estático. Y también, ojo, porque no todo lo que es innovación es bueno.

Durante el franquismo, en los años setenta, se instauró un sistema educativo que se conocía coloquialmente como el sistema EGB (Educación de Grado Básico). Esta EGB, que es la actual «primaria», no llegaba a 6º curso, llegaba a 8º curso. Eso quiere decir que los alumnos estaban en su cole hasta que tenían los 14 años.

Y fíjate que, en la actualidad, cualquier niño/a sufre un cambio madurativo (normalmente) a los 15 años, a partir de 3º de la ESO. Como que ya se vuelven personas más asentadas y serias. Un clic que dice que algo cambia. Pero durante 1º y 2º, eso es una selva... Y es curioso ver la formación que tiene el profesorado en la secundaria y en la primaria. Y las otras reformas educativas posteriores han afianzado a esa manera de ver, que es necesario llevar a los jóvenes a un macroinstituto (donde están más perdidos que un inglés un viernes noche por Ibiza).

Allá estaban siendo educados en un edificio con forma de fábrica industrial enorme, con 200 aulas que se tienen que cambiar cada dos por tres, como 10 profesores diferentes por cada asignatura, cuando en primaria se tenían tan solo 3 profesores diferentes, etc. (Así podría seguir comparando hasta el *infinitum*).

Después es normal que se tengan los fracasos y abandonos escolares que se tienen en 1º y 2º de la ESO. Cuyas franjas aumentan del 13,3 % al 22,3 % y lleva así, con ese aumento, desde siempre.

Es clarísimo el problema. Y de aquí que haya nuevas iniciativas como los colegios-institutos, donde los alumnos no cambian de centro al acabar 6º, sino que siguen en el mismo sitio. O los colegios concertados, aunque ellos lo hagan más por un tema logístico.

Las casas que se construían antes, que eran aquellas con paredes de piedra gigante, que costaba mucho tiempo construir porque generalmente se apilaban las piedras a mano, con esclavos, duraban mucho más que las de ahora y tenían mayor valor que las de ahora.

Fíjate si no en tu ciudad. ¿Qué es más valioso, una casa del casco antiguo o una de las afueras con estructura modernista y paredes blancas con cristales que rodean toda la casa?

Esas casas modernas las vas a tener que reformar cada año, mientras que las antiguas jamás en la vida las vas a tener que reformar, a menos que haya un accidente espectacular del tipo incendio o bomba nuclear.

La conclusión. Y aquí va lo importante que saqué de todo esto. Es que muchas de las cosas que se hacen en el presente no son tan buenas como las que se hacían antaño. Como dije antes, hay momentos de involución, y no todo lo nuevo que se crea y se vuelve popular es evolución y lo «correcto».

Es más, a efectos científicos, la ciencia avanza gracias a las teorías vigentes, pues ninguna de las teorías científicas se considera categóricas e inexpugnables, sino que son la mejor respuesta que tenemos actualmente para explicar las cosas.

Hace 30 o 40 años estaba el conductismo. El conductismo era la mejor forma que tenían en ese momento para explicar la realidad. Por eso los profesores de los años setenta, cuando no te sabías la tabla de multiplicar, te pegaban con una regla en la cabeza. Esto no lo hacían porque eran unos psicópatas, sino porque en ese momento la forma más aceptada de entender las leyes educativas era esa. De ahí el gran error de juzgar a la gente de antes con los criterios de ahora.

Hay un término, que se llama <u>paradigma,</u> que nos dice que la ciencia avanza cambiando los puntos de vista que tiene la gente, no porque tengamos una explicación mejor o porque tengamos una explicación que rebata lo que teníamos, sino que tenemos un universo de todas las teorías, leyes, normas, que explican la realidad. **A eso le llamamos nosotros (los científicos)** *paradigma.*

Y existe en cada época un paradigma dominante, que es el de la ciencia «normal». Normal entendido como la de la norma o, mejor dicho: como lo «popular y *mainstream*». Es lo que está más de moda y, por tanto, lo que la comunidad científica más apoya. Pero que está en constante cambio debido a que de la nada surgen problemas que no se pueden resolver con esa teoría normal, va perdiendo su popularidad.

Es entonces cuando surgen una cantidad de teorías nuevas que explican de una forma diferente ese problema, dándole una solución concreta y, si esas formas nuevas convencen a mucha otra gente, sustituyen al paradigma normal de antes y se convierten en paradigmas normales nuevos. Hoy en día, en la educación, lo que está de moda es pensar que, poniendo colorines en los boletines finales, en vez de notas numéricas, se hace lo más apropiado (me ahorro mis valoraciones y comentarios al respecto). En psicología de la educación, esto es muy conocido.

Empezamos a mediados de siglo XX, tenemos a los conductistas, los cuales explican la educación desde un punto de vista conductista (valga la redundancia). Pero hay unas cosas que no pudieron responder, como ¿por qué dos gemelos con la misma carga genética y el mismo entorno actúan de una manera diferente? Eso no lo saben explicar, y entonces vinieron otros que empezaron a hablar sobre el cognitivismo. Y con el tiempo ha ido pasando aquí en España, que hay más gente que cree actualmente más en el cognitivismo que no en el conductismo.

Sencillamente, es una cuestión de creencias diferentes, como veníamos hablando antes. Hay más gente que cree una cosa y menos que cree en la otra. ¿Eso significa que el segundo grupo está equivocado? No. Lo único que se refuerza es la creencia de la mayoría.

Vamos a explicarlo con otro ejemplo externo al educativo (lo siento, estoy estudiando pedagogía y es mi campo) ¿Quién era Galileo? Galileo fue el inventor del telescopio. Y ¿Qué le pasó a este señor? Que lo tomaron por loco y lo juzgaron en el Vaticano por decir que era mentira que la tierra fuese el centro del universo. Él lo que defendía era que el centro del universo era el sol. Y los planetas giraban alrededor de él. Y cogieron, le juzgaron y le dijeron: "eso que dice usted señor Galileo es mentira.

El centro del universo es la Tierra, porque en la Tierra está el hombre (decían), el hombre es la creación de Dios y era un geocentrismo. Y los planetas no giran alrededor. Los planetas están quietos.

Es decir, la comunidad científica puede estar toda ella equivocada, podemos estar todos equivocados. El criterio de validez de la comunidad científica sobre la operatividad de la solución de los problemas demuestra que no cualquier cosa vale para explicar la realidad, pues hay que tener siempre presente el entorno donde te encuentres, el contexto y la época. Sin juzgar el pasado con la mentalidad que tienes ahora.

EL CÍRCULO VICIOSO Y EL CÍRCULO VIRTUOSO

En honor a las reflexiones que saqué de los vídeos de Jaime Altozano.

Escribir estas líneas a las 23:39 h de la noche y saber que vas a terminar de escribirlas ya por la madrugada (porque borras, añades, cambias y reescribes palabras constantemente) es entrar en un círculo vicioso... Sin embargo, dejarlo para mañana, que ya habrá tiempo para escribir, darle espacio y un lugar al descanso porque mañana es lunes y me tengo que levantar a las 07:00 h, descansar la mente y el cuerpo, dejar de tener los ojos puestos en pantallas, eso es un círculo virtuoso...

En pocas palabras, un círculo vicioso son todas esas acciones y secuencia de conductas que te llevan a estar en la mierda, mientras que los círculos virtuosos son todo lo contrario, son aquellas acciones y secuencias de conductas que te ayudan a estar de puta madre. Me encanta utilizar palabras soeces para explicar conceptos filosóficos, cuando veo necesario expresarlos de forma tan directa. Son, como dirían los Futbolitos: «Puros Factous».

Dicho esto, ¿qué sucede cuando nos encontramos ante un círculo vicioso?, ¿cómo sabemos que estamos viviendo dentro de uno?, ¿es posible no darse cuenta?, ¿cómo se sale de esos círculos viciosos?, ¿cómo puedo llegar a tener un círculo virtuoso? Vale, esas preguntas tienen millones de respuestas y todas son válidas.

Como diría mi psicóloga: «Todas las acciones que tomamos tienen consecuencias, incluso el no hacer nada también las tiene». Pero ¿os suena lo de «el planteamiento de un problema es ya la mitad de su solución»? Pues aquí también tiene relevancia esta pregunta.

No es algo baladí que nos entre la ansiedad y el estrés cuando nos vemos sumidos en una espiral de experiencias negativas que se agrupan las unas a las otras.

Es como si todos los astros se hubiesen puesto de acuerdo para alinearse, y que la vida y todo lo que te rodea de ella empiece a tocarte los cojones/ovarios en un momento determinado y sin previo aviso. Dándote palos reiteradamente. Es un momento donde se suma todo lo malo y hasta es asfixiante.

Es normal sentir esa angustia... hay que vivirla, y también saber abrazarla. ¿Cómo se abraza la angustia? Bueno, para eso existen profesionales, yo no estoy para hablar de eso, aquí porque yo no soy esa clase de profesional —ya me gustaría—. Pero como dejé bien claro en la introducción de este libro, no voy a ser el típico fantasma que se cree psicólogo y te vende la moto con este libro diciéndote que va a solucionar todos tus problemas, porque ni tan siquiera he sido todavía —por el momento— capaz de solucionar los míos. Pero si hay algo que está claro, y que no hace falta sacarse un graduado de nada para saberlo, es que alguien que pasa por un cúmulo de experiencias negativas tiende a que su bienestar pase a ser de calidad *Deluxe* a calidad *Turuleta.*

Por tanto, creo que el principal motivo por el que nos encontramos ante un círculo virtuoso (que es donde quisiéramos llegar) es la necesidad que tenemos los seres humanos de buscar cosas que nos hagan felices. Eso deja muchas puertas abiertas. Lo veo genial que así sea.

El hecho de que tengas que reflexionar sobre qué te hace feliz implica indirectamente que tienes muchas cosas que te hacen feliz, pero no sabes ponerles nombre, ni tampoco identificarlas con ningún objeto o algo tangible, fácil, obvio y visible.

Te invito a que anotes en un cuadernillo (no tiene que ser físico, yo, por ejemplo, utilizo el blog de notas de mi teléfono, pues sé que el teléfono es algo que llevo conmigo siempre en mi día a día), qué te hace feliz, siempre que te encuentres una situación o cosa que te dé felicidad espontáneamente. Así, por lo salvaje. Sin forzar nada. Sin buscar nada. Dejar que la felicidad te venga a ti y ocurra. Piénsalo, le estarás dando espacio a lo inesperado y verás que hay cosas inesperadas positivas (más adelante hablaremos también del tema ese de «lo inesperado»). Que tampoco se trata de que dejes todo al libre albedrío y al azar, ni que todo esté estructurado y bien organizado. Considero que lo mejor es tener un *mix*. Y que te sientas cómodo/a con ese *mix* que tú creas por y para ti.

Con el objetivo de encontrar esas cosas —que pueden ser muy simples— pero que crean y fomentan la aparición de ese círculo virtuoso. Si —por lo contrario— estás buscando maneras de salir de un círculo vicioso, lamento informarte que no soy psicólogo. Por tanto, no te puedo ayudar. Pero, aunque lo lamente, también te respondo a tu pregunta con el mejor de los recursos que existe. Por si no lo conocías se llama: *terapia*.

A la fecha en la que escribo este libro, llevo cuatro meses y medio yendo con una psicóloga encantadora. En mi caso, las sesiones son online. Y esta filosofía que tengo con respecto a los círculos viciosos y virtuosos nace de crear una técnica para aceptar y atender a mis emociones y sentimientos cuando me encuentro ante una situación no prevista, que no tengo bajo control. Porque es algo que «ha surgido en un momento X». Espero poder explicarme mejor con este ejemplo:

Un día estaba paseando por un centro comercial de aquí de Mallorca, y tenía claro que quería ir al cine con una amiga. **Ya había quedado con ella a una hora determinada y en un lugar concreto del centro comercial.**

Lo tenía **todo bajo control.** *Pero esa amiga nunca llegó a dar señales de vida. Habíamos quedado a las* **17:30 h (dos horas antes de la película)** *y yo llevaba en el centro comercial desde* **las 15:15 h.** *A las* **17:45 h le escribí por WhatsApp (no la llamé)** *y me dijo que había tenido que ir a urgencias porque le había dado un ataque de apendicitis.*

En el momento, le pregunté si quería que **la fuera a ver al hospital,** *pero me dijo que no.*

La entendí y evidentemente me preocupé por ella, sin embargo, sentía que **no tenía control de la situación y me bloqueé.** *No literalmente,*

*cuando te bloqueas no es que hagas un Mane-
kin' Challenge así por la cara. Pero sí que sentí
que no tenía un plan B o un plan C. (En aquel
momento pensaba que era necesario tener control hasta de las supuestas situaciones que fue-
ran a ocurrir).* **Y no sabía bien qué hacer.**

Mi alternativa *fue ir al cine solo, pues ya estaba en el centro comercial y* **quise aprovechar**,
*ya que mi amiga no necesitaba de mi presencia
y prefería estar sola en aquel momento.*

El **problema** *fue que cuando llegué para pedir una entrada, la sala estaba llena y no había
más sesiones hasta las 21:30 h.*

*¿Cuál fue mi decisión? Exacto, quedarme allá
sin hacer nada hasta las 21:30 h. Y literalmente no hice nada**, estaba pendiente de la hora**.
Al final del día, cuando salí de ver la película,* **no
sentí lo que me esperaba**. *Casi incluso te diría
que no me terminó de gustar la película. Pero
creo que era por la situación en sí y todo lo
que viví ese día y no por la película.*

¡Qué inexperto era! Me da ternura, vergüenza y nostalgia a la vez reflexionar sobre esta experiencia que viví
(ternura por ver a mi yo del pasado, vergüenza por compartir algo que es muy íntimo —y forma parte de mi diario— y nostalgia por ver lo que no sabía antes y ahora
sí sé).

La siento esta experiencia como una macedonia emocional muy chula. Me gusta mucho sentirlo así. Me es cómodo y agradable. Esto, como bien dije anteriormente,

fue un extracto del diario privado que tengo, donde escribo este tipo de cosas (tengo más diarios, pero en este concretamente escribo de esta forma cuando me apetece destacar algo significativo de mi vida para mí mismo).

Pero volviendo al tema que hablábamos… esta misma experiencia la volví a tener unos meses más tarde con la misma persona, pero evidentemente la causa que generó que no pudiésemos vernos era otra distinta. Dejadme que os cuente:

*Había quedado con mi amiga para ir al teatro principal **a las 19:00 h pues a las 19:30 h empezaba la obra.** Esta vez la hora de quedada se decidió casi a último momento. A mí, honestamente, me daba exactamente igual la hora en la que quedásemos. **No tenía nada especial que hacer durante el resto del día,** por lo tanto, le dije que ella eligiera, ya que tenía el tiempo más justo y apretado que el mío.*

*Cuando me escribió **yo estaba tocando el piano en mi casa.** La canción de «Can You Feel the Love Tonight» de Elton John. Ella me escribió a las 12:30 h, pero yo respondí su mensaje a las 15:00 h. **No de inmediato.***

*Tenía que terminar mi concierto, del **que estaba disfrutando** —me encanta tocar el piano—, y después me entró el hambre y **me quise cocinar unas flautas al horno.***

Cuando llegué a nuestro punto de encuentro, ella me dijo que se atrasaría y no podría ir a la obra por culpa de un problema en su casa. Yo le pregunté si necesitaba ayuda para algo y me respondió que no. No podía hacer nada al respecto.

Entonces le propuse vernos más tarde, cuando pudiera, y de **mientras me iba a ver la obra yo solo**. Ella me respondió que más tarde sería complicado, que mirásemos otra fecha.

Finalmente, no pude ver a mi amiga y, al llegar al teatro, el chico de la taquilla me comentó que finalmente la obra se había cancelado porque uno de los principales actores no se había presentado y se iba a posponer la obra por la noche. Eso no negaré que **fue un golpe grande**. No me esperaba esa respuesta del taquillero.

Pero como había salido de casa, en vez de regresarme o de esperar mirando la hora del reloj a que marcase la hora de la acción en el teatro (la cual **acepté el cambio de hora** y terminé yendo a ver la actuación), **decidí dar un paseo por las calles perdidas de Palma**.

Es más, **me descargué una aplicación** que se llama Geo Catching y me puse a jugar con ella, buscando objetos que deja la gente escondidos por los múltiples rincones de la ciudad de Palma.

Me lo pasé genial. Tanto fue así que **me llevé la sorpresa de encontrarme un libro** sobre filosofía griega, el cual **guardo como un recuerdo muy bonito de ese día**. De vez en cuando **decido pasear, por el lugar donde me lo encontré,** con amigos y les cuento esta historia y de **lo divertido que es jugar a esa aplicación**.

*También me fui a hacerle fotos a restaurantes y bares que tenían un **decorado que me llamasen la atención** y durante el trayecto **se me ocurrió crear un álbum de fotos** de restaurantes y bares.*

*Hoy en día tengo más de 90 en toda Mallorca y lo que antes me costaba mucho proponer opciones para desayunar, comer o cenar, cuando quedaba con alguien, **ahora me siento como un gurú y guía gastronómico de la isla**.*

Como veis, la situación en sí es bastante similar, sin embargo, las decisiones que tomé (que no eran en lo absoluto preparadas con anterioridad, eran simples ideas que iban surgiendo de la nada) me gustaron. No me bloqueé en ningún momento. Me lo estaba pasando bien. Hasta incluso tenéis puesto en negrita las diferencias entre la situación A y la situación B en base al cambio de actitud que di gracias a la terapia y mi trabajo personal.

Si bien es cierto que es posible detectar y ver que hay otras cosas que se pueden trabajar y mejorar, estoy en ello. En lo personal no dejo de aprender nunca. Lo importante que quiero destacar aquí es el cambio de perspectiva referente a los círculos viciosos y círculos virtuosos.

Expuesto esto, es necesario hacer un apunte importante. Cuando una amistad, pareja, familiar o cualquier persona que sea importante para ti te da una mala noticia que te afecta, no es motivo para alegrarte por ello (quería aclararlo por si no era algo obvio).

Esto no es aplicable a todo. Si bien es cierto que la idea que intento reflejar es que, al fin de cuentas, todo se trata de percepciones, ideas, valores y luego de las acciones que tomas en base a ello, y que cuando te encuentras ante círculos viciosos la clave está en saber cambiar esas percepciones, ideas, valores, para actuar de una forma diferente, **NO SIEMPRE FUNCIONA**.

Además, tampoco hay que pensar que este fenómeno de sucesos que fueron pasando se dio «gracias a que mi amiga no pudo venir conmigo». Sería muy rastrero pensar que este tipo de situaciones dan pie a «gozar de la vida» gracias a los problemas que pueda tener la gente ajena. Es terrible esa reflexión.

Hay veces donde tendrás, sí o sí, que dar espacio a un duelo. A una pérdida. Pues no es lo mismo que una amiga te diga que no puede venir por X o por Y, y terminéis posponiendo un plan a otra fecha, a que directamente esa amiga se muera o quiera dejar de ser tu amiga. Ninguna de las técnicas es fija a ninguna situación.

Recuerda que la clave está en la felicidad. Saber qué te hace feliz. A mí me hacía feliz en ese momento concreto hacer esas cosas que hice, pero igual a ti te genera indiferencia o malestar y lo que prefieres es irte a tu casa o irte de compras. Las decisiones que tomes tienen que ir encaminadas con una creatividad que te identifique. Que demuestre que una parte de ti es así y actúa así en un momento concreto, bajo una situación concreta, en una hora concreta, en un día concreto, con una temperatura y clima concretos, y una estación de año concreto (como ves, todo puede ser variable y motivo de cambio).

Por tanto, **no tengas estas cosas planteadas como un dogma a seguir ferozmente,** porque la vas a cagar, pero bien gorda. Más adelante te explicaré eso y qué puede suceder con los que considero que son argumentos sólidos si decides tratar todas las soluciones de una misma manera, sin darle espacio a lo desconocido o inesperado.

Añadido a esto, si nos paramos a pensar bien, es un poco un recurso extraído de la «psicología positiva» el hecho de plantear la realidad como virtuosa y viciosa. En pro de querer alcanzar ese virtuosismo (en los libros de psicología positiva lo suelen llamar «éxito»). Sin embargo, por alguna extraña razón la palabra «éxito» me hace mucho ruido. No me gusta. La siento como una palabra que, quien la utiliza, es un vendehúmos.

El éxito nada tiene que ver con el virtuosismo, aunque la relación pueda ser parecida. Reitero en una diferencia notable sobre lo que muchas veces suele llevar a confusión con el planteamiento que propongo:

El pionero de la psicología positiva, Martin Seligman, dividió la felicidad en tres componentes medibles: placer, compromiso y significado. A través de sus estudios, el pionero confirma que las personas que persiguen las tres vías pueden ser capaces de llevar sus propias vidas, e incluso inferir en la de los demás de una forma mucho más plena.

Sin embargo, añade también que quienes solo buscan el placer acaban experimentando una infinita parte de los beneficios de la felicidad.

Así que el fundador de la psicología positiva es un precursor que invita a que, en lugar de deprimirte esperando una gran oportunidad, tomes las riendas de tu destino. No obstante, tal y como he dicho antes, hay veces que ocurren acontecimientos inesperados y hay que darles también su espacio y su atención.

No se trata de vivir la vida *happy flowers* cuando ves (por poner ejemplos) que no tienes trabajo, te van a embargar la casa, la mafia italiana te persigue, tienes a tu madre con cáncer, tu hermana dedicándose a la prostitución y la venta de drogas y a tu padre que te ha desheredado porque para él eres un completo inútil.

Sé que son ejemplos exagerados, quienes me conocen saben que adoro las hipérboles. Pero representan una realidad que puede ser observable desde un contexto mucho menos denso y conflictivo (hay gente que de verdad vive esas situaciones) y no hay nada ni nadie que puede venir y decirles «La vida es color de rosa», porque evidentemente esa persona no lo va a ver así. Hay que dar espacio, pues, también a las emociones negativas.

Por lo tanto, si quieres seguir los consejos (advierto que no son los de un profesional de la salud, pero sí los de un ser pensante que acude a terapia profesional desde hace bastante tiempo):

1. Dedica tiempo a observar tu círculo vicioso.

2. Pregunta qué cosas puedes sacar positivas. (Siempre hay).

3. Toma decisiones sobre las cosas positivas.

4. No olvides las negativas. Anótalas.

5. Pasado un tiempo, revisa esas cosas negativas y sentirás que las ves con mayor objetividad.

6. Anota la forma que has tenido de ver posteriormente tu pasado negativo.

7. El paso 6 te ayudará a entender, *a posteriori,* que
   los malestares son temporales, al igual que los
   bienestares.

(**Recomendación**: No sigas estos pasos al pie de la letra o perderá el sentido. Recuerda que la importancia de
tomar decisiones radica en tu reflexión sobre las consecuencias y de tu creatividad personal).

NO HAY QUE HACER SENTIR INÚTIL A NADIE

Esta frase me la dijeron dos profesores en mi vida a los que admiro mucho: Carles Baeza y Alejandro García. Muchas gracias por inspirarme en estas líneas.

Vamos por partes…

Una de las cosas que me gusta hacer mientras estoy escribiendo este libro es analizar los títulos. No con idea de cambiarlos, pues las frases son las que son y no me gusta que se modifiquen habiendo salido de la boca de otros. Es como si fomentase eso del «teléfono roto». Lo detesto cuando se tergiversan las cosas a causa de dar un mensaje modificado.

Los analizo palabra por palabra. Es decir, por separado. En concreto, esta es para mí la frase con la afirmación más ilógica y lógica a la vez. Vamos a entender por qué:

La frase empieza negando una acción: *No hay que hacer*. Y es curioso porque hubo un estudio realizado en California donde se demostró que, la mayoría de las veces que las personas negamos acciones, las negamos a los demás y no a nosotros mismos (razón por la cual se demuestra, también, que a las personas les cuesta decir «no» cuando algo sobrepasa sus propios límites).

Cuando niegas algo y lo verbalizas al exterior de la forma que está expresada en la frase anterior, muchas veces está siendo un consejo. Pero ese consejo va más dirigido a uno mismo/a que a la persona a quien se lo estás dando. Es como hablar en voz alta consigo mismo/a.

A mí siempre me ha gustado dar consejos. Cuando los das te sientes escuchado y valorado. Pero hay la falsa creencia de que muchas veces los consejos que se dan, no se saben aplicar a uno mismo/a, y eso es malo. Bajo mi punto de vista, no es del todo así. Si te paras a pensar por un momento, los consejos que las personas damos suelen ser en su mayoría respuestas a incertidumbres que tiene una persona externa.

Por tanto, podemos ver que tenemos la capacidad de ver los problemas con una perspectiva holística, en 360°, y muchas veces incluso somos capaces de darnos cuenta de que los problemas que tienen los demás son muy parecidos a los nuestros y que las posibles soluciones que les estamos dando a los demás podrían servirnos a nosotros/as.

Por lo que, ¿qué malo hay en todo eso? Repasemos las ventajas que tiene dar consejos:

- Nos permite empatizar.
- Nos hace sentir escuchados y valorados como personas de confianza.

- Nos ayuda a reflexionar sobre nuestras experiencias propias.

- Nos ayuda a ver posibles soluciones, las cuales, muchas veces, nos pueden servir a nosotros/as mismos/as.

Cuando el problema te pasa a ti, necesitas muchas veces de un tercero que te dé una visión externa mucho más crítica. Pues como me dijo una vez otro profesor de la universidad: «El mayor sesgo que existe en toda investigación es la propia persona que investiga».

Sin embargo, cuando te dan la oportunidad de aconsejar, tienes la posibilidad de escuchar tus propias palabras y darte cuenta del impacto que pueden tener, a la vez de darte cuenta que las soluciones que puedes encontrar para los demás son aplicables a tu situación y/o a tu vida.

Ojo, la idea no radica en dar consejos por la cara. Eso no se da, pero sí se puede pedir. Por tanto, si quieres hacer el bien en el mundo dedica esta lectura a interpretarla como que, lo primero de todo que necesitas para dar consejos, es el mero hecho de que te los pidan. Si no te piden consejos, no los des.

Luego llegamos a la otra parte de la frase: *sentir inútil a nadie*. La inutilidad se refiere a la sensación o percepción de que una persona no tiene valor o no es capaz de contribuir de manera significativa en ciertas situaciones.

Es importante destacar que la inutilidad es, en gran medida, una percepción subjetiva y no necesariamente una realidad objetiva. La autoestima y la percepción de valía pueden variar ampliamente entre las personas y los contextos.

Aun así, hacer sentir inútil a alguien puede tener consecuencias negativas tanto a nivel emocional como psicológico y, como bien decía una amiga mía: «No des a los demás algo que no quieras recibir».

Aquí hay algunas razones por las cuales no es recomendable hacer sentir inútil a nadie:

1. Impacto emocional: La sensación de inutilidad puede provocar sentimientos de tristeza, ansiedad, depresión y baja autoestima en la persona afectada.

2. Desmotivación: Cuando alguien se siente inútil, es probable que pierda la motivación para realizar tareas o participar en actividades. Esto puede afectar su rendimiento y su capacidad para alcanzar metas.

3. Relaciones interpersonales: Hacer sentir inútil a alguien puede dañar las relaciones interpersonales. La falta de apoyo emocional y la crítica constante pueden alejar a las personas y crear un ambiente negativo.

4. Desarrollo personal: Sentirse inútil puede obstaculizar el desarrollo personal y la búsqueda de metas. Las personas necesitan sentir que tienen el potencial de crecer y aprender.

5. Salud mental: La constante sensación de inutilidad puede contribuir a problemas de salud mental, como la depresión y la ansiedad.

Entonces, ¿cómo puedo dar un mensaje sin hacer sentir inútil a la otra persona? Esa era la pregunta que yo me hice cuando me dijeron esa frase. Además, la sentía bastante importante porque era una frase que me habían dicho varias personas a lo largo de mi vida en diferentes contextos.

Cómo no, recurrí a la terapia para encontrar respuestas. Pues, por si no lo sabías, las terapias psicológicas y las sesiones que haces en ellas no son únicamente para darte pastillas por si tienes esquizofrenia o bipolaridad, o para ayudar con un diagnóstico para que un «loco», que ha matado a catorce niños, pueda salir impune de cualquier problema legal (no es broma, ese argumento lo he llegado a escuchar el día que escribo este capítulo en el metro de la universidad. Parece chiste, pero es anécdota). Los psicólogos/as también sirven para resolver dudas. Al fin de cuentas, tú y solo tú tienes la responsabilidad de hacer las preguntas que tú tengas a las personas que tú quieras y consideres que pueden tener una respuesta con argumento sólido y fiable. En mi caso, esa pregunta se la hice a mi psicóloga.

Considero que acerté en mi decisión de pedírselo a ella. Pues recuerdo que, durante la secundaria, cuando mi vida se basaba en el baile, el orientador escolar de mi instituto me ofreció estudiar bachillerato artístico. No le hice ni puto caso, y bien que así fue. Hoy en día tengo dos Formaciones Profesionales, un historial profesional de más de 5 años de experiencia en diferentes sectores, gracias a mi formación profesional he trabajado en las administraciones europeas como gestor de proyectos socioculturales y me ha dado la posibilidad de encontrar mi camino en el ámbito formativo y profesional.

Si hubiera hecho bachillerato estaría como la mayoría de las estudiantes de bachillerato que tengo en mi clase de Pedagogía. Callados. Tomando apuntes a una velocidad similar a la de los transcriptores que se dedican a formalizar las actas de reuniones en los palacios de los congresos. Y con un miedo atroz a desarrollar las habilidades y competencias que se requieren y son obligatorias para ser un buen pedagogo (o cualquier persona que se dedique profesionalmente a hablar con personas y más todavía a educarlas), como la capacidad de hablar en público sin cagarse encima del miedo escénico (algún día hablaré en otro libro sobre lo que veo de la secundaria y bachillerato. Siento lástima y miedo por lo que ocurre en los institutos de nuestro país).

Ahí me equivoqué, le hice la pregunta a alguien incorrecto (por eso no es que haya preguntas correctas o incorrectas, el problema radica a quién le preguntas o pides consejos).

La gracia es que al principio piensas que esa persona a quien tú preguntas o pides consejos es la adecuada (por eso se lo pides), pero es luego, cuando te das cuenta de que las respuestas que recibes no tienen base sólida y cojean sus argumentos, que tienes que dejar de pedirle consejo a esa persona con temas relacionados o parecidos, pueden ser consejos de otros temas, pero no de los mismos, porque vas a recibir la misma información de mierda que ya has recibido anteriormente.

El caso, (disculpa por andarme por las ramas, sé que te prometí lo contrario, pero considero que era interesante sacar este tema, ya que viene relacionado con lo que hablamos antes de «pedir consejos a las personas adecuadas») mi psicóloga me dio una respuesta que resumió con una palabra clave: *ASERTIVIDAD.*

Voy a ser sincero... cuando me empecé a empapar de información sobre la asertividad, decidí ponerla en marcha. Esto hizo que se me viniera a la cabeza en múltiples ocasiones esta afirmación:

No he visto nunca que una palabra tan bonita tuviera un ridículo tan grande como el mío.

No sabía aplicar ese concepto en mi vida. Y honestamente, tampoco tenía bien claro qué era lo que significaba. Mi psicóloga, ante esto, fue la tercera persona en recordarme la frase que representa este capítulo: «No hay que hacer sentir inútil a nadie». (A veces necesito que me recuerden las cosas porque se me olvidan y vuelvo a tropezar con la misma piedra). Pero bueno, el trabajo que hago en las sesiones también está en ello, en no olvidar lo que aprendo y mantenerlo).

Yo me juzgaba por no saber ser asertivo. No estoy convencido al cien por cien, pero incluso me juzgaba porque creo que perdí a mi mejor amiga por no serlo. En su diferencia, mi actitud era pasivo-agresiva (y ella me lo recordó una vez).

La asertividad es el *big boss* final del *Dark Souls.* Es difícil llegar a ella y conseguir tenerla. Existen una serie de técnicas que te permiten tener una comunicación asertiva, pero el hecho de ser asertivo es muy complicado. En realidad, es complicado ser asertivo porque depende primero de ser una persona adulta. Y cuando digo adulta no me refiero a ser un cuarentón y todo lo que implica. Cuando digo adulto me refiero a tener una serie de características personales que, para mí, te hacen ser la persona más deseable del mundo.

Cuando le vas a contar un problema a alguien, se lo cuentas a alguien asertivo. Cuando le vas a pedir algo a alguien, se lo pides a alguien asertivo. Cuando quieres salir de fiesta con alguien y no acabar en la UCI por beber más alcohol o meterte más drogas que Maradona, vas con alguien asertivo. Cuando quieres hablar de temas que son incómodos o complicados, lo hablas con alguien asertivo... así podría estar escribiendo un montón de páginas.

La asertividad en sí misma la siento como el resumen de ser la puta ostia como persona. Y lo digo bien en serio.

El único inconveniente que tienen las personas asertivas es que son pocas, y son como los amish. Se juntan entre ellos/as y no se sienten cómodos/as con los que no son de su especie. Las personas asertivas, también conocidas como personas adultas, tienen más peligro de extinción que los koalas. Pero lo bueno es que es posible aprender de sus técnicas. Para ello, hace falta saber que no existe una definición certera de qué es la asertividad, porque cada persona entiende asertividad de distinta manera. Por tanto, la primera técnica que utilizan las personas asertivas es intentar descubrir qué entiende la otra persona por asertivo y qué no entiende por asertivo.

Una vez identificado eso, las personas asertivas van con una indumentaria de Mago Nvl. 80, pues son capaces de saber que la concepción que tienen los demás por *asertivo* puede cambiar con el paso del tiempo, mientras a su vez van aprendiendo cuáles son los límites que tienen los demás y dan a conocer los suyos propios.

Cuando eso ocurre, procura ser como este libro (claro, breve y conciso), para evitar que las palabras puedan malinterpretarse. Y si se malinterpretan, pide disculpas, en vez de culpables. Es decir, busca soluciones en vez de castigos.

La persona asertiva tiene muy claro dónde se encuentra el punto medio entre todo y nada. Al igual que el punto medio que se encuentra entre siempre y nunca. Ojo, no lo confundas con un egoísta, pero esa diferencia la dejaremos para otro momento.

LA SALUD POR SEPARADO

*Gracias al recuerdo que mantengo
del grado de sociosanitario.*

La OMS define como *salud* aquella que no solo se presenta como la falta, ausencia o carencia de una enfermedad concreta, sino como la integridad de tres diferentes *saludes* (me gusta llamarlo así en vez de «dimensiones», pues la palabra *dimensión* —que es la que comúnmente se utiliza— me suena a los Power Ranger o a Bakugan... me hace ruido. Es como algo irreal o ficticio y poco maduro como para tomarlo en serio y, siento que, si hablamos de salud, se merece tener el nombre que le corresponde, que bajo mi opinión es el de *saludes*). Es por ello que estamos hablando del modelo biopsicosocial.

Este modelo es relativamente moderno, y se basa en que la salud integral de una persona es aquella que cubre las necesidades biológicas (o físicas), psicológicas (o mentales) y sociales (o relacionales). Para ser una persona saludable es imprescindible tener las necesidades de esos tres ámbitos cubiertos totalmente. A fin de no tener ninguna problemática relacionada con ninguno de esos tres ámbitos en la vida.

Puesto eso en contexto, es importante mencionar que, a lo largo de la vida, me he dado cuenta de que ese modelo no solo refleja los principales pilares de la salud que tenemos los seres humanos, sino que también refleja una categorización de estos, es decir, divide la sociedad con relación al tipo de salud que se considera más o menos importante con respecto a las demás.

Este capítulo busca mostrar cómo las personas somos capaces de valorar como más importante un tipo de salud que otra, en función a nuestros intereses personales y en un momento concreto de nuestras vidas. Y son así nuestras conductas, es decir, el conjunto y red —ordenada— de ciertas acciones que realizamos para cubrir las necesidades de esa «necesidad estrella» (que es la más significativa en un momento concreto), que es un reflejo de ello.

Es importante destacar que, en la realidad, las personas no se dividen de manera estricta en categorías exclusivas, ya que la salud física, psicológica y social están interconectadas y se influyen mutuamente. Sin embargo, se puede hacer una división lógica para entender mejor cómo algunas personas tienden a enfocarse más en una dimensión de la salud que en otras.

En este capítulo se hablará de las características de cada tipo de personas, los posibles desafíos que estas personas tienen en su día a día, y cuándo tienen un enfoque de salud exclusivo en un único ámbito. Además, la idea de esta lectura implica una reflexión sobre la importancia de que se pueda practicar un equilibrio entre las tres diferentes *saludes.*

Este último apartado no pretende ser parte de un libro de autoayuda, sino más bien pretende servir de guía para generar reflexión intrapersonal contigo mismo, tal y como ya te he mencionado antes, como persona lectora, en aras de que puedas contemplar que la vida no se rige exclusivamente en enfocarte en un cambio físico, en ir a terapia, buscar herramientas de ayuda psicológica basadas en una perspectiva concreta de tu psicólogo/a o de tener amigos. Sino que la vida es un conjunto de esas cosas —y otras muchas más— que engloban el amplio abanico de las tres dimensiones del modelo biopsicosocial.

Veamos los diferentes enfoques:

Personas que se enfocan en la salud física (exclusivamente):

Características:

- Pueden tener una fuerte dedicación al ejercicio físico regular.

- Prestan atención a la nutrición y a mantener un peso corporal saludable.

- Se preocupan por evitar enfermedades físicas y condiciones médicas.

- Pueden seguir rutinas de entrenamiento intensas y tener metas específicas relacionadas con la forma física.

Enfoque en la apariencia física:

Pueden estar particularmente preocupadas por su apariencia externa y la percepción de su cuerpo por parte de los demás. Además, podrían establecer metas de acondicionamiento físico relacionadas con la estética, como la pérdida de peso o el desarrollo muscular.

Disciplina y constancia:

Suelen tener una gran disciplina en cuanto a la adherencia a rutinas de ejercicio y dietas específicas y tienen constancia en el entrenamiento, además de que la alimentación saludable es una característica destacada.

Participación en actividades deportivas:

Es probable que participen activamente en deportes, ya sea a nivel aficionado o competitivo. Pueden encontrar en el ejercicio físico un medio de liberar tensiones y mantenerse activos.

Monitoreo de indicadores físicos:

Tienden a prestar atención a indicadores físicos concretos, como el peso corporal, la masa muscular y los niveles de grasa. Utilizan dispositivos de seguimiento, como monitores de actividad física o aplicaciones de salud, para supervisar su progreso.

Preocupación por la prevención de enfermedades:

Se centran en adoptar hábitos de vida saludables para prevenir enfermedades y promover la longevidad. Pueden realizar chequeos médicos regulares y buscar información sobre cómo mantener un estilo de vida saludable.

Interés en la nutrición y suplementos:

Prestan atención a su dieta y a la calidad de los alimentos que consumen. Pueden estar informados sobre suplementos nutricionales y cómo estos pueden complementar su dieta y mejorar su rendimiento físico.

Posibles desafíos:

Podrían descuidar aspectos de su bienestar emocional o social. Además de que tienen el riesgo de desarrollar una percepción desequilibrada de la salud, ignorando aspectos psicológicos y sociales importantes.

Riesgo de lesiones:

La búsqueda constante de metas físicas a veces puede llevar a un entrenamiento excesivo, aumentando el riesgo de lesiones musculares, articulares o incluso de agotamiento y la falta de variedad en la rutina de ejercicios también puede contribuir a lesiones por sobreuso.

Obsesión por el control del peso:

Pueden desarrollar una obsesión poco saludable por el control del peso, lo que podría conducir a trastornos alimentarios o a la adopción de hábitos alimenticios extremos.

Desarrollo de una imagen corporal distorsionada:

La atención excesiva a la apariencia física puede contribuir al desarrollo de una imagen corporal distorsionada, donde la percepción de uno mismo no se alinea con la realidad.

Impacto negativo en la autoestima:

La falta de logro de ciertos objetivos físicos o el incumplimiento de estándares estéticos autoimpuestos pueden afectar negativamente la autoestima y la autoconfianza.

Aislamiento social:

Centrarse exclusivamente en la salud física puede llevar al aislamiento si las actividades sociales se ven sacrificadas en aras del tiempo dedicado al ejercicio y la dieta.

Estrés relacionado con el rendimiento:

Pueden experimentar niveles elevados de estrés relacionados con el rendimiento, especialmente si establecen metas muy ambiciosas y sienten la presión constante de alcanzarlas.

Falta de flexibilidad mental:

La rigidez en la adherencia a ciertos hábitos o rutinas puede resultar en una falta de flexibilidad mental, lo que dificulta la adaptación a cambios en las circunstancias o a nuevas perspectivas sobre la salud y el bienestar.

Personas que se enfocan en la salud psicológica (exclusivamente):

Características:

- Dedican tiempo a la autorreflexión y el autoconocimiento.

- Buscan terapia o apoyo psicológico para abordar emociones y problemas mentales.

- Priorizan la gestión del estrés, la ansiedad y la salud mental en general.

- Pueden participar en prácticas como la meditación o el *mindfulness.*

Búsqueda activa de autoconocimiento:

Tienen un interés profundo en comprenderse a sí mismas, explorando sus pensamientos, emociones y motivaciones. Pueden participar en prácticas como la terapia

64

psicológica, la meditación o el *journaling* para fomentar el autoconocimiento.

Énfasis en el bienestar emocional:

Priorizan la gestión de las emociones y buscan estrategias para manejar el estrés, la ansiedad y otros desafíos emocionales y pueden estar involucradas en actividades que promueven la relajación y el equilibrio emocional.

Interés en el desarrollo personal:

Buscan continuamente oportunidades para crecer y desarrollarse a nivel personal y emocional. Este tipo de personas acostumbran a leer libros de desarrollo personal, asistir a talleres o participar en programas de autoayuda.

Empatía y comprensión interpersonal:

Suelen ser comprensivas y empáticas con los demás, ya que comprenden la importancia de las relaciones interpersonales para el bienestar psicológico. Pueden ser buenos oyentes y estar dispuestas a ofrecer apoyo emocional a quienes lo necesiten.

Enfoque en la resiliencia:

Desarrollan habilidades para afrontar situaciones difíciles y superar adversidades. Pueden adoptar una perspectiva optimista y aprender de las experiencias desafiantes para fortalecer su resiliencia emocional.

Preocupación por el equilibrio vida-trabajo:

Reconocen la importancia de mantener un equilibrio saludable entre la vida personal y profesional para preservar la salud mental y también establecen límites claros para evitar el agotamiento y el estrés laboral.

Enfoque en la autorreflexión ética:

Consideran la ética personal y la moralidad en sus decisiones y acciones, reflexionando sobre cómo estas afectan a su bienestar psicológico y al de los demás.

Posibles desafíos:

Pueden descuidar la importancia del ejercicio físico regular y una dieta equilibrada. Riesgo de aislamiento social si no prestan suficiente atención a las relaciones interpersonales.

Descuido de la salud física:

La concentración exclusiva en la salud psicológica podría llevar al descuido de la salud física, incluyendo el ejercicio regular y una dieta equilibrada. Por otro lado, también esta falta de actividad física puede tener efectos negativos en la salud física, como la disminución de la energía y el aumento del riesgo de problemas de salud.

Aislamiento social:

Centrarse intensamente en la salud psicológica podría llevar al aislamiento social si se descuidan las relaciones interpersonales. Y la falta de conexión social puede afectar negativamente la salud mental a largo plazo.

Perfeccionismo excesivo:

La búsqueda constante de perfección en el ámbito psicológico puede generar niveles altos de autoexigencia y autocrítica. El perfeccionismo extremo puede contribuir al estrés y a la ansiedad.

Resistencia a intervenciones externas:

Las personas que se centran exclusivamente en la salud psicológica pueden mostrar resistencia a buscar ayuda externa, como terapia o asesoramiento, incluso cuando podría ser beneficioso. La resistencia puede deberse a la creencia de que deben resolver sus problemas por sí mismas.

Dificultad para lidiar con desafíos físicos:

Ante enfermedades físicas o cambios en la salud física, podrían tener dificultades para adaptarse y lidiar emocionalmente con estos desafíos. La conexión mente-cuerpo significa que los problemas de salud física también pueden afectar al bienestar psicológico.

Falta de enfoque en metas a largo plazo:

Al centrarse exclusivamente en el momento presente y en el manejo de las emociones inmediatas, podrían descuidar la planificación y la consecución de metas a largo plazo.

Riesgo de dependencia emocional:

La búsqueda constante de bienestar emocional puede llevar a depender demasiado de circunstancias externas para la felicidad, lo que puede resultar una vulnerabilidad emocional.

Personas que se enfocan en la salud social (ex-clusivamente):

Características:

- Dan importancia a las relaciones interpersonales y a la construcción de redes sociales.

- Participan activamente en actividades sociales y comunitarias.

- Buscan apoyo emocional en su red social.

- Trabajan para mantener relaciones saludables y satisfactorias.

Fuertes habilidades sociales:

Poseen habilidades interpersonales sólidas y se sienten cómodas en situaciones sociales.

Disfrutan de la compañía de otras personas y tienden a establecer y mantener relaciones fácilmente.

Participación en la comunidad:

Contribuyen activamente en su comunidad, participando en eventos, actividades o proyectos sociales. Suelen ser voluntarios o participar en grupos y organizaciones que comparten intereses comunes.

Énfasis en la construcción de relaciones significativas:

Valorizan la calidad de las relaciones sobre la canti-dad, buscando conexiones profundas y significativas con amigos, familiares y colegas. Es decir, priorizan el tiempo invertido en relaciones cercanas y satisfac-torias.

Colaboración y trabajo en equipo:

Prefieren trabajar en equipo y colaborar con otros para lograr objetivos compartidos. Disfrutan de entornos en los que la cooperación y la colaboración son fundamentales.

Adaptabilidad social:

Tienen la capacidad de adaptarse a diferentes entornos sociales y se sienten cómodas interactuando con personas de diversos orígenes y personalidades.

Preocupación por la equidad social:

Tienen una sensibilidad hacia cuestiones de justicia social y buscan contribuir a la creación de comunidades más equitativas y compasivas. Además de que suelen estar involucradas en actividades de activismo o defensa social.

Apoyo emocional a los demás:

Suelen ser buenos oyentes y están dispuestas a ofrecer apoyo emocional a quienes lo necesitan en su círculo social. Valorizan el apoyo mutuo y la empatía en las relaciones.

Posibles desafíos:

Podrían descuidar la importancia del ejercicio físico y la salud mental individual.

Riesgo de depender en exceso de las relaciones sociales para el bienestar, sin abordar aspectos individuales.

Descuido de la salud individual:

Al poner una fuerte atención en las relaciones sociales, podrían descuidar aspectos de su salud física y psicológica, como la dieta, el ejercicio y la gestión del estrés. La falta de equilibrio podría afectar negativamente su bienestar general.

Dependencia excesiva de relaciones externas:

Existe el riesgo de depender demasiado de las relaciones sociales para el bienestar emocional, lo que puede generar vulnerabilidad si estas relaciones enfrentan desafíos o cambios.

Dificultad para establecer límites personales:

Al priorizar las relaciones, podrían tener dificultades para establecer límites personales claros, lo que podría llevar a situaciones de agotamiento emocional.

Estrés por conflictos interpersonales:

La evitación del conflicto y el deseo de mantener relaciones armoniosas pueden generar estrés si se enfrentan a conflictos interpersonales no resueltos.

Aislamiento en caso de cambios en las relaciones:

Experimentar cambios en las relaciones, como la pérdida de amistades cercanas o cambios en la dinámica familiar, puede tener un impacto significativo en su bienestar emocional.

Presión social y conformidad:

Podrían sentir una presión excesiva para conformarse a las expectativas sociales y a veces sacrificar sus propias necesidades y deseos para mantener la armonía en sus relaciones.

Falta de independencia emocional:

La búsqueda constante de apoyo emocional externo puede hacer que se vuelvan dependientes emocionalmente, dificultando la autogestión emocional en momentos de soledad.

Es fundamental recordar que estas categorías son simplificaciones y que la salud óptima implica un enfoque holístico que abarque la salud física, psicológica y social. El equilibrio entre estas dimensiones contribuye a un bienestar general más sólido y sostenible.

Esta clasificación no se adecua a ninguna perspectiva científica, sino que es todo un producto de lo que he observado a lo largo de mi vida y una manera para conseguir identificar a mi grupo. A un grupo con el que yo me sintiera bien y que tuviese ideales o iniciativas parecidas a las mías. En mi caso, suelo calar mucho más con vínculos que forman parte de aquellas personas que tienen una predominancia mayor a ser psicológicas y sociales que no físicas/biológicas.

Sin embargo, como ya he comentado anteriormente, todo va unido y en un mismo conjunto, y no es algo que esté separado. Y con el tiempo me di cuenta de que muchas amistades que tenía eran también personas que me casaban con la perspectiva más física/biológica.

AHORA VENGO vs. AHORA VOY

Dedicado a Albert Flexas,
decano de la facultad de educación.

¡Qué fuerte me pareció eso de que en la península ibérica tengan una concepción diferente entre *ir* y *venir*!

Yo, que soy de Mallorca, he considerado ambos verbos prácticamente como lo mismo. Para mí son idénticos. Y así ha sido también con «llevar vs. traer». (Por ejemplo: *ahora te lo llevo, ahora te lo traigo*).

Obviamente, el español tiene más jergas que palabras en su diccionario, pero es curioso cómo las personas, hablando el mismo idioma, son capaces de no entenderse las unas a las otras.

Mi primer trabajo de investigación que hice fue en relación con este tema. Bueno, no exactamente. Pero sí era un tema similar. Verás, cuando tenía 17 años me enamoré perdidamente de una chica latinoamericana. Ella, como costumbre, me solía decir «Te quiero» habitualmente. Es más, pasado el tiempo me llegó a decir «Te adoro», y en base a ello yo entendí, en pocas palabras, que quería *tema* conmigo, ya que me lo estaba verbalizando de la forma en la que yo lo haría (no me juzgues, era un crío).

Sin embargo, un día que fui a comer con ella y con otro chico que la acompañaba, me di cuenta de que aquella tercera persona no recibía un te quiero ni un te adoro, sino que recibía un *te amo*. ¡Y eso me dejó con los ojos boquiabiertos! Flipando en castellano.

Al día siguiente, le quise hablar para hacer una videollamada, donde aproveché la ocasión y le pregunté: «¿Por qué me dices "Te quiero" y "Te adoro", si no me quieres ni me adoras?». No sabía por qué amaba a otro chico y, además, había tenido los huevos —más grandes que Ibai Llanos— para presentármelo si a mí me decía te quiero y te adoro. Me sentí muy humillado con esa situación y necesitaba aclaraciones y respuestas.

Y ella, tan pancha, me soltó: «Yo te adoro, pero a él lo amo». Recuerdo que tenía 17 años y nunca había conocido a nadie de Latinoamérica. Para mí *querer, adorar y amar* eran lo mismo. Sin embargo, para la chica que me acabó gustando (y de la que me tuve que alejar de ella para evitar daños emocionales) no era lo mismo. Tenía como una especie de jerarquía emocional que yo no consideraba en mi vida, donde «te amo» era mucho más que «te adoro» y, a su vez, mucho más que «te quiero».

Dicho esto, habrá veces que darás por hecho que las personas te entienden cuando en realidad no lo están haciendo. No te culpes si no te lo dicen, ese es su problema. Pero no pongas la mano en el fuego por nadie en este aspecto, pues, por muy parecido que sea el idioma o la cultura, la comunicación, en ocasiones, es la mayor barrera de comunicación (valga la redundancia). Y todo empieza por el valor que se les dan a las palabras. El valor referido a la intensidad, el volumen, la profundidad... ese tipo de valores. Ese valor no es individual, es colectivo. Hay personas que entienden exactamente lo mismo que tú por la expresión «Ahora voy». Pero hay otras personas que entienden esa expresión como algo totalmente diferente a ti.

En múltiples investigaciones de las que yo me inspiré, se exponen que, por ejemplo, en algunos países latinoamericanos el concepto de *ahora* cambia en relación con el diminutivo *ahorita*. Concretamente, en México el término *ahorita* puede significar cinco cosas totalmente diferentes, aunque todas respondan al complemento circunstancial de tiempo de cualquier oración:

1. Ahora mismo.
2. De aquí a 5 minutos o 10 minutos.
3. Mañana.
4. La semana que viene.
5. Nunca.

Así podría poner mil ejemplos. Pero ya sabes lo que pienso de ellos. Uno o dos son suficientes para saber de lo que estamos hablando.

Así que, nos encontramos con un problema de comunicación diferente, que no va en torno a si es por tener o no asertividad (como hablamos en capítulos anteriores). Si no que en este caso es por tener perspectivas diferentes en torno al valor de una, dos o más palabras concretas.

Entonces, cómo puedo comprender qué es lo que me está diciendo una persona y el valor de las palabras que me dice. La gracia es que la fórmula es muy sencilla. Se llama *APRENDIZAJE.*

Tienes la posibilidad de aprender el valor de las palabras que utilizas de acuerdo con las personas que vas conociendo y aplicar un tipo de comunicación u otro (con relación a los valores de las palabras) de forma diferente con cada persona. Piensa que la clave no es que tú cambies o que ellos cambien, sino a aprender y enseñar qué entiendes tú por un concepto en concreto y qué entiende la persona receptora por el mismo concepto.

Existe un diccionario, que es la RAE, pero ese diccionario no tiene en cuenta la diversidad individual y la creatividad con la que cada persona expresa sus ideas y sus opiniones o puntos de vista sobre cualquier tema. Es importante señalar que cada persona tiene su propio diccionario. Usaréis el mismo idioma, pero las palabras tendrán un valor u otro dependiendo de múltiples factores.

Mi consejo, si me lo pides, es que no juzgues ni te dejes juzgar por entender algo de una manera diferente. Aun así, siempre es posible evitar que ocurran estos juicios, exponiendo con tiempo qué significa X para ti y preguntar qué significa X para la otra persona.

Abraza la diversidad que tiene tu propio idioma y no censures las palabras de los demás, puedes —eso sí— compartir tu opinión (si te la piden) de las palabras que utilizan el resto, pero no las juzgues. Si son diferentes a las tuyas y el foco que tienen es sano y maduro, no hay problema.

Ahora bien, esta idea que expongo tiene matices. Si por ejemplo escuchas a alguien decir «Estoy deprimido porque me he roto una uña», ahí sí que deberías (si conoces el significado) de explicar que la depresión es algo totalmente diferente a lo que se siente cuando se te rompe una uña. Me explico, hay una serie de palabras que deben seguir un orden establecido a nivel internacional. Estas generalmente tienen que ver con la salud o la integridad de cualquier ser humano. Si estas son usadas de una forma indebida, pueden dar señales de alarma de algún problema mucho mayor o ser necesario un reaprendizaje del concepto que se utiliza. Para que quede más claro, vamos a poner ejemplos:

Antiguamente, la palabra *gay* era considerada una enfermedad. Mejor dicho, el hecho de ser gay era una condición de que tenías una enfermedad mental, y así se mostraba científicamente. Sin embargo, con el paso de los años, esa concepción ha cambiado a nivel mundial, pues el término ha evolucionado para la OMS (quien se encarga de definir esta clase de conceptos desde el enfoque sanitario, de una forma global).

Sin embargo, actualmente hay personas que piensan que la condición de ser gay es todavía una enfermedad mental. Eso es, como había dicho antes, aquella señal de alarma que requiere de un reaprendizaje del concepto que se utiliza.

Por tanto, los pasos que puedes seguir para entender a alguien sin que confundas las palabras y aclares las tuyas a la otra persona pueden ser, bajo mi humilde opinión, las siguientes:

1. Encontrar una situación donde se exponga una palabra o frase que te haya generado una emoción determinada.

2. Preguntar a la persona o personas qué entienden por esa palabra.

3. Exponer qué entiendes tú por esa palabra y la emoción que te ha hecho sentir.

4. Aprender lo que significa esa palabra para esa persona o personas.

5. No olvidar su significado para esa persona. Anotarlo.

En relación con este último punto puedes tener la oportunidad de crear **diccionarios individualizados**. Es decir, coger una libreta y anotar las palabras que cumplan con los pasos que he mencionado anteriormente. Y darle una definición a cada palabra acorde a lo que significa para esa persona. La otra persona puede hacer lo mismo. Y con el tiempo podríais compartir y reflexionar si los significados han cambiado o se mantienen como se han apuntado.

Es una idea. Cada persona aplica y aprende a su manera. Por tanto, no es tarea obligatoria, sino una forma que, a mí por lo menos, me va bien cuando luego recibo un mensaje de alguien, y así evito caer en suposiciones o malentendidos.

Con mi mejor amigo tengo una libreta donde tengo escritas frases como «Ni te ralles» y una definición que a lo largo de cinco años ha cambiado como trece veces. Mi mejor amigo es muy original a la hora de dar sentido a las palabras y admiro esta capacidad. Como diría él: «Es algo que abrazo mucho de su forma de ser».

Te dejo, por si te sirve utilizarlo, las instrucciones de uso de este diccionario individualizado:

1. Informa a los vínculos con los que quieras tener un diccionario individualizado. No sirve de nada si solo lo tienes tú y a la otra persona le suda.

2. Habla con tu vínculo, como de normal, sin pensar en las palabras que diga, e identifica esas frases o palabras que te hagan sentir cualquier cosa (positiva o negativa).

3. Dile a tu vínculo en el momento que consideres adecuado (tampoco tardes ocho años en decirlo) que esa palabra o frase te hizo sentir X cosas.

4. Explícale qué significa para ti esa palabra (así te dará pie a ti a decirle además por qué te hizo sentir eso).

5. Invítale a que anote en su diccionario individualizado con tu nombre el significado/definición que tú le das a esa palabra o frase.

6. Escucha a tu vínculo. Él tendrá otra definición de esa palabra, que tendrás que anotar tú con su nombre en tu diccionario individualizado.

7. Siempre que vayas a utilizar en un futuro esa palabra, utilízala en «su idioma». Es decir, la tendrás que usar tal y como él te la ha definido.

8. Pide que él haga exactamente lo mismo, que utilice contigo la palabra o frase tal y como tú la entiendes.

9. Ambos tenéis que estar abiertos a que las definiciones del uno y del otro puedan cambiar en cualquier momento y por cualquier circunstancia (los motivos del cambio pueden explicarse si se requiere o necesita por alguna de las partes implicadas).

TIRARLO TODO POR LA BORDA

De las últimas cosas que me dijo
una antigua amiga en su despedida.

El verano del año 2023 fue uno de los más duros que he tenido en mi vida. Sin embargo, había tomado una serie de decisiones en mi vida que considero que me ayudaron mucho a que no fuera peor de lo que ya fue:

- Me fui de un trabajo donde me tenían explotado, trabajando catorce horas diarias y donde me acabé desmayando por primera vez en mi vida.

- Conseguí, gracias a una amiga, la posibilidad de trabajar en otro sitio al cabo de una semana de dejar el anterior trabajo.

- Decidí iniciarme en terapia.

En cantidad, son muchas más las cosas negativas que las positivas las que tuve durante ese verano. Pero quiero rescatar las positivas en este libro porque las siento mucho más sanas. Gracias a esas decisiones pude mejorar mi persona y construir un recorrido claro de quién quería ser y de quién me quería rodear en mi vida.

Un punto de inflexión fue cuando mi mejor amiga se despidió de mí mientras estaba en Estocolmo. Recuerdo que habíamos tenido una serie de altibajos muy consecutivos durante el verano y, nada más aterrizar en el aeropuerto de Estocolmo, recibí un mensaje suyo pidiéndome qué disponibilidad tenía para quedar con ella en persona y hablar de algo que, para ella, era importante.

En aquel momento recuerdo que su petición me puso nervioso. Algo incómodo. Y quizá por el deseo de saber qué era aquello que me tenía que decir, las ansias generadas por la incertidumbre, me hicieron decirle que, si quería, podíamos hacer una videollamada, ya que iba a estar en la capital sueca durante una semana entera.

Ella me preguntó cuándo volvería a Mallorca, pues era algo de vital importancia que se hablase en persona y no a través del teléfono. Pero al ver que mi fecha de regreso era muy lejana para ella, acabamos asignando el día y la hora para una videollamada.

No daré detalles, por confidencialidad, de aquella videollamada, pero sí que hubo muchas frases que me marcaron y fueron importantes para mí. Hubo dudas. Aún persisten, pero ya vistas de otra forma. Pero, en definitiva, lo único que debería —según yo— poder contar al respecto, era que esa videollamada iba a ser la última.

La frase que hay escrita en el capítulo de este libro no fue ni de lejos la más importante o significativa. Al menos para mí. Pero sí fue una frase que, con el tiempo, pude extrapolar y hacerla mía a la hora de tomar decisiones en mi propia vida.

En realidad, si nos paramos a pensar bien el significado de la frase, tiene trotes de rechazo muy significativos. Es decir, cuando recibí ese mensaje lo hice posteriormente de expresar yo una idea contraria. Es, literalmente, como decir «no» a una idea, a una visión.

Recuerdo que a lo largo de mi vida he querido abarcar muchas cosas a la vez y, por lo general, he acabado «tirando todo por la borda» en algún punto en concreto donde no pude más.

Por ejemplo, ese mismo verano tuve que tirar todo por la borda cuando decidí tirar la toalla al ver que me estaban explotando laboralmente.

Muchas veces se tiene la idea de que quienes tiran la toalla o lo tiran todo por la borda son débiles o son personas incapaces de terminar aquello que empiezan, personas que no saben valorar las cosas que tienen o hasta incluso se les tilda de egoístas. Pero volvamos a reflexionar sobre esa frase:

TIRARLO TODO POR LA BORDA

No es baladí ver una fuerte relación entre «tirar» y «soltar». (Si tú tiras algo es porque lo estás soltando).

Sin embargo, ¿por qué se le infravalora a alguien cuando tira algo y se sobrevalora a alguien cuando lo suelta, si, en esencia, *soltar* y *tirar,* en este caso, son sinónimos?

Además, el hecho de soltar o de tirar (hoy en día lo concibo como algo que es lo mismo y me aseguro de que mis círculos cercanos tengan en su diario individualizado el significado de ambas palabras como semejantes para mí) implica también el hecho de saber poner límites a algo que no te va.

De ahí que muchas veces se infravalore o sobrevalore una palabra con la otra. Pues, generalmente, a nadie le genera comodidad recibir un límite de una persona que es un ser querido. Y es extraño pues —tal y como yo lo veo— es una muestra de confianza muy grande, y que da pie a establecer, como hemos hablado en capítulos anteriores, una red de comunicación mucho más placentera y saludable. Cargada de bienestar.

Entonces... ¿Qué aprendí de esta frase? Aprendí dos cosas. La primera, es que el simple hecho de que algo sea infravalorado o sobrevalorado radica en cómo has vivido tú y tu entorno esa concepción. Por tanto, es subjetivo. Y por el otro lado, aprendí que soltar y tirar son sinónimos que van directamente relacionados con el autocuidado y la autoprotección emocional. En pro de querer poner límites, sin pensar que el hecho de ponerlos refleja incompetencias personales. (Lo que se ve en las películas sobre «tirar la toalla» tiene matices, por eso aplicar esa idea que te venden a todo en la vida es uno de los peligros más graves de nuestra sociedad. Porque esa idea que propagan es una gran mentira).

HAY QUE SABER DAR ESPACIO A LO INESPERADO

Dedicado a mi psicóloga, a la que tanto agradezco y admiro… Silvina. Gracias por escucharme y ayudarme a curar y mejorar.

No es casualidad el título de este capítulo, es uno muy importante, porque define muy bien uno de mis deseos más internos.

Veréis, durante un largo periodo de mi vida he tenido la sensación de sentirme parte de una burbuja que me empujaba a correr. ¿Sabéis aquel deporte que se parece al fútbol donde te metes en una especie de bola transparente? Pues así estaba yo. Pero la característica de aquella «bola transparente» era que estaba siendo empujada por un contexto social digámosle… *poco democrático y presionado*. Estaba siendo empujado a hacer cosas <u>rápido</u>. Cientos de miles son las veces que me han dicho: «Si tenemos médico a las 17:00 h, tenemos que llegar a las 14:30 h, por si nos atienden antes». (Como si los médicos no tuvieran otros pacientes antes que yo y fuera el centro del universo). Esa velocidad digna de Usain Bolt o de la vida en Manhattan —estando yo viviendo en Mallorca, una isla de calma— creó en mí el hábito de correr por todo. Porque la ansiedad es contagiosa. Y a mí, a causa de observar mi entorno y el tipo de relaciones que propiciaba, me lo acabaron contagiando.

A lo largo de la vida extrapolé esa ansiedad por llegar antes de tiempo, por ser capaz de hacer varias cosas lo más rápido posible. Es más, muchos de mis amigos sabrán que —aun llegando a un sitio con tiempo de sobra— en multitud de ocasiones les escribía por WhatsApp: «Ya llego, voy velossss», como haciendo énfasis a que iba corriendo, como un pollo sin cabeza por la vida.

En lo personal, cuando me hablo a mí mismo, en muchas ocasiones siento pena por haber adquirido ese hábito. Pero más me molesta aún haberlo adquirido con otros relacionados, como el querer tener control sobre todo (incluso de aquello que no es mío), concretamente el control de cosas que tuvieran que ver con el tiempo.

Muy probablemente, lo que me habría pasado si hubiese seguido siendo así de ansioso y rápido, sería que me habría dado un paro cardíaco, puesto que los niveles de velocidad en la vida determinan también en la salud y en muchos casos, por ir corriendo por la vida, puedes acabar teniendo graves y serios problemas con tu propia cuestión vital.

«La muerte por correr» es una descripción concisa, clara y realista, y que resume muy bien lo que habría sido mi futuro. Y por suerte no hará falta que os cuente cómo fue mi experiencia al darme cuenta de la velocidad a la que iba por la vida.

Fue muy importante para mí acudir a mi psicóloga Silvina, para que me dijera una frase (título del capítulo) y mi cabeza hiciera un clic. Esa frase fue el comienzo de un nuevo cambio, camino del cual iba a desarrollar —no herramientas, sino responsabilidades— cambios de actitudes.

Recuerdo que le dije una vez: «Siento que hasta mis andares son rápidos. Pero siento que lo son porque lo son también los de las personas que tengo más cercanas, y eso lo aprendí observando e imitando». Pues en efecto, cuando somos niños, el primer aprendizaje que hacemos todos y cada uno de nosotros es observando lo que hacen las personas de nuestro alrededor.

Es por ello por lo que el ser humano no puede desarrollarse si no pertenece a ningún ambiente. Necesita un espacio con cosas para poder desarrollarse. Observando. Tocando. Haciendo cosas de niños pequeños.

Y yo aprendí a correr. Sin tan siquiera tener la necesidad de hacerlo. ¿Recordáis lo de la ley de la parsimonia? Ojalá la idea de no multiplicar ideas (valga la redundancia) la hubiese sabido aplicar para esto también…

Añadido a ello, le comenté a mi psicóloga que había visto la posibilidad de poner a prueba una herramienta para paliar esa ansiedad por hacer rápido las cosas, pues en muchas ocasiones me generaba más ansiedad el ver que parte de mis vínculos hacían las cosas más despacio y era incapaz de aprender a hacer lo mismo, por mucho que tuviera yo el deseo interno. Tenía que desaprender lo que aprendí de mis entornos previos (aquellos que propiciaba anteriormente), para aprender algo que me hiciera y me diese bienestar. Algo que me diera salud.

La herramienta que descubrí fue la de anotar por la noche todas las cosas que tenía que hacer al día siguiente. Así tendría un orden visible. Observable. Tangible, incluso. Pues la idea era ir borrando las cosas que ya había hecho. En pocas palabras, transformar mi vida en un *checklist.* Y así fue durante 15 días… ¿Resultado? Fue peor el remedio que la enfermedad.

Me sirvió para darme cuenta de que el orden no es lo mío. Al menos no lo es en todo. Sentía que mi vida estaba programada desde la noche anterior y… ¡Qué duro fue verlo así en aquel momento!

No disfrutaba una puta mierda. Hasta incluso hacía cosas que no me gustaban y que solamente las hacía para parecer guay, como ponerme a leer sobre anatomía del cuerpo humano sin razón aparente —lo más *random-me* y friki del mundo—, apuntarme a un equipo de fútbol cuando nunca me gustó jugarlo, solo verlo, o empezar con una chica de intercambio de alemán a aprender su lengua, de la cual, sinceramente, no acababa aprendiendo absolutamente nada y me ocupaba más tiempo (por tanto, más ansiedad) a cambio de nada.

Dentro de las clases de la universidad tenía todos los trabajos finales en grupo. ¿Cómo pensáis que actuaba yo? Efectivamente, hacía prácticamente todo el trabajo yo solo por miedo a que el resto lo postergase o lo dejasen para el último momento. Yo, sin embargo, actuaba de la forma en la que actuaba porque no solamente quería entregarlo bajo mi control total, sino que además lo quería entregar antes de la fecha preestablecida.

¿Os dais cuenta de lo jodido que resulta pensar que no tienes tiempo para nada cuando en realidad vas sobrado? Es una alteración de la realidad temporal muy *heavy*... o al menos para mí lo es, ya que era yo quien vivía con ello.

Pero mi psicóloga, cuando escuchaba todo esto, y sobre todo cuando escuchó la herramienta que creé, la cual acabó siendo una totalmente fallida para este tipo de situaciones, me preguntó: «Las soluciones que planteamos a nuestros conflictos no siempre funcionan. Pero teniendo en cuenta esta herramienta, ¿cómo gestionas lo que es impredecible, aquello que es inesperado? Deberías tener ahí puesto, dentro de todas tus tareas, una que dijese "respirar", para así abordarlo, ¿no?».

Lo de respirar por lo visto me lo dijo a modo de broma, pero en sí no era tan de broma cuando le dije que no tenía ningún apartado en mi lista diaria de actividades que se llamase: «respirar». No le estaba dando tiempo a lo inesperado. Pues las cosas que resultan ser inesperadas hay que atenderlas desde la calma, sin ir corriendo como un pollo sin cabeza.

Así fue entonces cuando aquel libro, del cual saqué esa responsabilidad de la que hablé antes de crear hábitos por medio de una lista de tareas de actividades ya prediseñadas, lo decidí acabar. Pero con una reflexión más crítica.

Mi lectura de aquel libro pasó a ser más reflexiva, si por ello entendemos que no accionaba lo que ese libro decía al pie de la letra. Tomé en cuenta los consejos que había en él, pero no de manera literal, para explicar todo tipo de soluciones en la vida. Pues, si bien hubo otras responsabilidades que me funcionaron, otras no las pude aplicar porque no congeniaban con mis necesidades.

De mi psicóloga aprendí que todas las decisiones que tomamos tienen consecuencias y todas al final están premeditadas y deben tener la posibilidad de ser creativas, y no prediseñadas y hacer todo de la misma manera de forma sólida. La vida no es una estructura fija, sino que es moldeable y, por tanto, las decisiones que tomamos y los resultados que obtenemos también lo son.

Pero para ser creativo con las decisiones que tomamos se requiere de una pausa. Un momento para reflexionar con uno mismo y decirse los pros y contras que se suponen que se extraerán de las decisiones que tomemos en nuestra vida.

Para mí al menos existe una estructura (no fija) dentro de la creatividad de acción que tengo, y es esa creatividad de acción la que me permite crear las responsabilidades suficientes para saber llevar mi vida de una forma mucho más placentera.

Hoy en día, acepto y entiendo que no hay nada en la vida que tenga una solución única. E incluso la valoración de que una solución sea mejor que otra es indiferente, lo importante reside en que esa solución que se tome sea creativa, te defina como persona y parta de ser una idea que pueda con el tiempo transformarse en otra diferente, pues cada persona es un mundo —y si son grupos, son un mundo también—.

Quiero cerrar este capítulo contándote algo que me vino muy bien a mí cuando me lo dijo mi psicóloga: «A veces no hacer nada, es también hacer algo». Todas las decisiones están premeditadas si les das el tiempo y la pausa suficientes para crearlas a tu forma y a tu gusto.

Esto me hace sentir que la toma de decisiones es como los videojuegos de los teléfonos, donde tú creas tu propia ciudad. Donde partes de cero y vas construyendo una *poli* a tu gusto e, incluso, puedes mover y reestructurar la ciudad entera, ponerle ríos, playas, negocios, viviendas…

A mí siempre han sido los juegos de teléfonos los que más me han gustado. Con las decisiones puedes hacer lo mismo. Un día te despertarás y pensarás que está bien la idea de hacer X, pero otro día te encontrarás con la misma situación, de forma idéntica, pero con otras personas implicadas, con otras ideas, otras formas de ser. Y verás que esa forma de hacer X puede cambiar a una forma de hacer Y o Z.

Darle espacio a lo inesperado da a su vez espacio a aprender de los demás, a aceptarlos, y también es una forma bonita de desarrollarte, construyendo ideas totalmente nuevas mediante aquellas que tenías creadas anteriormente.

He dejado lo mejor para el final y por tanto es mi deseo como escritor que puedas leer, escribir anotaciones propias, reflexionar y sobre todo aprender al completo todo lo que se describe.

Un saludo, máquina ☺.

CAMINANTE NO HAY CAMINO...

Gracias a las 22:34 h del 1/11/23 por, de la nada, inspirarme a leer este poema.

Poco puedo hablar de Antonio Machado y su mítico poema que contiene esta reflexión. Sí. Es para mí una reflexión, y diría también que es mi poema favorito.

Siento que admiro ese poema por reflejar aquello que quería llegar a ser. Por reflejar aquello que representa el cambio que quería en mí. Aunque también aprendí a ver el conocimiento como un juego. Concretamente como una especie de *Escape Room,* donde para llegar a la siguiente misión he de pasar primero la anterior.

Si no lo entiendes así de primeras, tranquilo/a, déjame que te lo muestre con este ejemplo, reflexionando sobre lo que me suscitaba el verso de Antonio Machado:

El verso «Caminante no hay camino, se hace camino al andar» de Antonio Machado para mí refleja una reflexión que ha resonado profundamente en la literatura española y lo sigue haciendo en la actualidad. La metáfora del camino sugiere <u>la vida misma</u>, destacando la ausencia de un sendero predefinido. La frase «se hace camino al andar» resalta la importancia de la <u>acción y la creatividad</u> en la <u>construcción de nuestra</u>

propia existencia. Este llamado a la <u>iniciativa perso-</u><u>nal</u> sugiere que la vida es un <u>proceso de autodescu-</u><u>brimiento</u>, donde cada paso es una oportunidad para <u>aprender y crecer.</u> En última instancia, el verso celebra la <u>libertad y la responsabilidad individual</u> en la <u>creación activa de nuestro destino.</u>

Dicha esta introducción, creo que es importante destacar ciertos puntos. Como ya sabéis y habéis visto, a mí me encanta analizar las <u>palabras clave</u> <u>que utilizo.</u> Me ayuda a <u>entenderme a mí mismo</u> y <u>ordenar mis ideas y</u> <u>pensamientos</u>, eso sí, teniendo siempre la <u>puerta entreabierta al desorden,</u> por si hay cuestiones inesperadas, como ya hablamos anteriormente.

El primer punto que considero importante hablar es sobre la cuestión de: ¿qué es la vida?, o en este caso —en el poema— ¿Cuál es el camino?

Y esa es una pregunta que ha intrigado a la humanidad a lo largo de la historia, y ha sido abordada desde diversas perspectivas. Por ejemplo, desde el punto de vista biológico, la vida se define por procesos como el crecimiento, la adaptación, la reproducción y la evolución. Es un fenómeno observable en organismos, desde las células más simples hasta formas de vida complejas como los propios seres humanos.

Sin embargo, la pregunta sobre la vida trasciende las fronteras de la biología. Desde una perspectiva filosófica, se indaga en el propósito y significado de la existencia. Los filósofos han explorado la naturaleza de la conciencia, la individualidad y la conexión entre los seres vivos y su entorno, buscando respuestas más allá de las características biológicas. Por ejemplo, en el existencialismo, representado por pensadores como Sartre y Camus, se plantea que la vida carece de un significado intrínseco, destacando la responsabilidad individual en la creación de propósito mediante elecciones personales.

La fenomenología, con líderes como Husserl y Heidegger, se sumerge en la experiencia subjetiva, analizando cómo percibimos y damos significados a nuestras vivencias, subrayando la centralidad de la conciencia en la construcción de la realidad.

En la filosofía de la mente, filósofos como Nagel exploran la naturaleza de la conciencia y la experiencia subjetiva, cuestionando lo que implica ser consciente y cómo la mente se relaciona con el cuerpo. La ética filosófica aborda cuestiones morales fundamentales vinculadas a la vida, explorando debates sobre el valor intrínseco de la vida y examinando los principios éticos que deberían guiar nuestras acciones. En la metafísica, los filósofos se sumergen en aspectos abstractos de la existencia, cuestionando la esencia de la vida y la realidad última, explorando preguntas sobre la naturaleza del ser y la relación entre mente y materia.

A su vez, existe también el ámbito religioso, cuyas respuestas a la pregunta sobre la vida a menudo se enmarcan en creencias sobre la creación divina, el propósito espiritual y la conexión con lo trascendental. Diversas religiones ofrecen interpretaciones sobre la vida que van más allá de su manifestación biológica.

La complejidad de la pregunta también invita a considerar aspectos existenciales y emocionales. La vida implica experiencias subjetivas, emociones, relaciones interpersonales y una amplia gama de aspectos que van más allá de una definición científica.

¿Te has fijado? No he mencionado en ningún momento el por qué he estructurado el texto subrayando palabras, poniendo negrita o cursiva, pero ahora explicaré el porqué de todo eso mucho mejor y más claro.

Lo que he hecho —y he creado— ha sido un camino (valga la redundancia con el poema de Machado) de conocimientos a partir de una idea, que me ha inspirado a buscar información sobre mis ideas, pensamientos, sugerencias e inquietudes (el propio poema). Eso me enseñó el poema de Machado: a aprender a crear mi conocimiento a través de un camino, como si fuera un juego. Un *Scape Room.*

Si no te ha quedado claro lo que hemos hecho aquí voy a exponerlo más fácilmente con estos sencillos pasos:

1. Recibe un estímulo que te suscite interés por alguna razón *randome.*

2. Reflexiona sobre qué te suscita ese estímulo y por qué. **Lo que está en negrita.**

3. Extrae las ideas clave de tu reflexión. <u>**Subráyalos.**</u>

4. Define y redefine los conceptos clave de esas ideas desde cero. *Lo que está en cursiva.*

5. Aprende cosas nuevas indagando más y más sobre esos conceptos.

En mi caso, empecé recibiendo un estímulo, que era el propio poema en sí. No entero, solo un fragmento de este. Pero eso ya basta. Lo importante es que me suscitó interés.

Posteriormente, reflexioné sobre qué era exactamente aquello que me interesaba y el por qué. Y eso lo escribí en negrita anteriormente, sin necesidad de buscar nada en internet. Simplemente definí bajo mi humilde punto de vista y de la mejor forma posible (como si fuera un trabajo para la universidad) lo que pensaba, y por qué pensaba eso de ese fragmento del poema de Machado.

Cuando ya tenía todo escrito lo mejor posible, según mi conocimiento, subrayé las palabras clave o ideas clave del texto que me habían surgido. Es importante que no subrayes todo, tan solo aquello que consideres importante. Tú decides qué subrayar porque tú pones las reglas de este camino que estás creando nuevo.

Una vez subrayadas las diferentes ideas, conceptos, frases, lo que sea que hayas escrito de reflexión… posteriormente, sí que los buscas por internet, para saber qué significan esas ideas o conceptos, de dónde surgieron, qué perspectivas hay en base a esos conceptos. Como ves, bajo el ejemplo que yo puse, me estaba dejando llevar por el camino que se creaba en mis andares por el conocimiento.

Así puedes pasarte horas, este capítulo sería mucho más largo si me hubiera puesto a indagar sobre cada una de las cosas que hay subrayadas en mi reflexión personal del fragmento del poema. Y en este punto dirás: ¿Para qué me sirve hacer todo eso? Muy fácil, se me ocurren varias razones.

La primera de todas es para saber el significado real de las palabras que utilizas. Normalmente, cuando te dan vía libre a reflexionar de forma seria en muchos casos, se utilizan palabras que creemos conocer su significado, pero que en realidad no tenemos ni la menor idea de qué significan. Y el hecho de invitarte a buscar información sobre esos conceptos que surgen de tu reflexión, sirven para aclarar si la palabra que querías utilizar era la correcta o no.

Te invito incluso a que te crees un diccionario personal de todas aquellas palabras que creías que significaban una cosa y después te diste cuenta de que eran algo totalmente diferente en el contexto de tu reflexión. Es muy divertido, pasado el tiempo, releer tus conceptos y definiciones una vez tengas decenas de ideas, conceptos o frases redefinidas.

Por otro lado, te da libertad para «andarte por las ramas» y perderte por el conocimiento. Lo que pasa es que, cuidado, cuando empiezas a analizar todo lo que escribes puedes encontrarte con la situación de que no hay un límite o punto final. Eso lo tendrás que poner tú cuando lo veas necesario, pero sin presiones, pues perderse por el conocimiento es —creo yo— la mejor manera de perderse con algo en la vida.

Y finalmente, utilizar esto te sirve para entender tus ideas. Entenderte a ti. Entender cómo te expresas y darte un lugar a ti mismo de autorreflexión sobre cómo comunicas algo y qué palabras utilizas para hacerlo. Y con el tiempo, si pones en práctica esto, verás que el nivel de vocabulario que tendrás será infinitamente mayor que el que tenías antes. Serás capaz de expresar ideas y conceptos de una forma más clara, tanto para ti como para los demás.

Es muy importante, casi que te diría imprescindible, para tu desarrollo como persona entenderte a ti y tus ideas. Y más, incluso, para entender los problemas que te surgen en la vida. A muchos de los problemas que tenemos no les encontramos solución porque somos incapaces de escucharnos. Pero si dejamos escrito reflexiones, podemos releerlas después y observar, desde un análisis racional y crítico, que hay una serie de ideas, conceptos, frases que pueden estar identificando tanto la razón real del problema como la solución de este.

CONTRACTURAS PERENNES EN AGONÍAS FUGACES

Gracias a Luís Piedrahita por crear esta definición a una palabra.

Nunca he ido a un fisioterapeuta. Es algo que debería hacer, pero por alguna razón nunca he tomado la iniciativa de llamar a uno y preguntar por uno de esos «masajes». Lo pongo entre comillas porque si no se enfadan.

Aunque no haya ido nunca a un fisioterapeuta, sé que la razón por la cual decidí no ir —por ahora— es por el miedo a las experiencias ajenas de personas cercanas. Muy probablemente sepas cuáles te digo, pero si no es así, te extraigo una frase que me dijo mi mejor amigo la última vez que fue a un fisio:

Me esperaba un masaje para activar la zona que me dolía (las cervicales), pero lejos de eso me torció el cuello, y luego, en los trapecios, me daba una somanta de ostias brutales las cuales eran insoportables.

Supongo que ahora se puede entender mi miedo a que salga de un fisioterapeuta peor de lo que entré físicamente. No me juzgues, algún día —cuando no me quede otra— tendré que ir.

El caso es que un día, mientras estaba merendando un bol de cereales integrales en la mesa de la cocina, se me ocurrió visitar el canal de Luis Piedrahita, el cual encontré y descubrí, gracias a otro canal que ya seguía anteriormente, que era el de Jaime Altozano.

En uno de los vídeos, Luis definía una palabra que, la verdad no recuerdo, pero para lo que venimos a hablar es algo indiferente (te recomiendo su canal de YouTube, por si te quieres inspirar en él, tal y como lo hice yo), tal y como se logra ver en el título de este capítulo. Concretamente, yo lo abrevié un poco para lo que vengo a contar aquí, pero él definía esa palabra inventada como: «Transformar contracturas perennes en agonías fugaces» (Piedrahita, 2023).

Esa es quizá una de las pocas citas textuales que vaya a tener intencionadamente este libro, y me encanta que sea del bueno de Piedrahita. Es un honor.

Expuesta ya esta breve introducción, vamos al meollo del asunto de lo que para mí ha significado esta definición, divagando en mis pensamientos y ocurrencias.

Podemos ver las contracturas perennes como aquellas cosas de la vida que nos han lastimado y todavía recordamos con rencor, rabia, recelo… esas cosas que todavía no se han superado y siguen latentes en nuestro día a día.

Como bien definía Luis, la gracia es la de transformar esas contracturas perennes, darles una forma nueva menos dolorosa, una forma que sea una agonía fugaz.

A primera vista, parece algo masoquista la idea de valorar como opción el dolor rápido antes que la posibilidad de, directamente, no padecer dolor. Sin embargo, cuando hablamos de daño (sea emocional, físico, social), debemos tener en cuenta de que existen maneras de abordarlo muy claras:

- Aguantar el dolor.
- Darse la vuelta y «hacer como que no pasa nada».
- Enfrentarse al dolor.

Sé que, como venía comentando antes, posiblemente no sea el mejor ejemplo para seguir para promocionar la idea de «enfrentar el dolor», debido a que mi miedo por ir al fisioterapeuta radica en que prefiero aguantar el dolor (no ir al fisio) o hacer como que no pasa nada (tomarme un paracetamol que cubra el dolor). Sin embargo, sé que la mejor solución para solucionar un problema es enfrentarse a ese problema.

El hecho de que te enfrentes a él trae consigo una garantía, y es que el problema, si se enfrenta correctamente, terminará en ese preciso momento. Sin embargo, si decides aguantar el dolor o darte la vuelta a él, el dolor será como esa contractura perenne. Que no termina nunca.

Es verdad que hay que tener en cuenta que el dolor, ante un problema con personas que son importantes para ti, va a traer daño sí o sí. Eso es algo inevitable.

Pero tu reflexión es preferible que vaya a replantearte lo qué es más rápido, ¿cómo puedo dejar de sentir dolor más rápido? Pues si te anticipas con esas preguntas antes de tomar las decisiones correspondientes podrás tener respuesta a cómo tendrás que gestionar el dolor que te quede tras tomar la decisión que consideres más oportuna en tu vida.

Reitero en la misma idea que he venido repitiendo en gran parte de los capítulos anteriores, pero no es baladí reiterar ya que es un principio básico a la hora de leer esto:

Todo tiene matices. No todo es aplicable de la misma manera en las mismas situaciones. Por tanto, ten en cuenta de que existe una alta posibilidad de reordenar esta idea en tu cabeza, de tal forma que te sea acorde a ti y a tu personalidad.

Para ello, una estrategia que requiere de tu responsabilidad participativa a la hora de cambiar tu percepción sobre lo que ves oscuro y pasar a verlo más claro puede ser crear lo que yo llamo <u>el Triángulo de las Bermudas emocional</u>:

Esta herramienta consiste en crear un triángulo lo más grande posible (dibújalo en papel). Una vez que lo dibujes, puedes seguir estos pasos o adaptarlos a tu gusto:

1. Encima del triángulo describe con tres palabras clave una situación que no hayas superado y te genere malestar. Esas contracturas perennes de las que hablábamos.

2. Dentro del triángulo escribe la emoción que se identifique con esa situación.

3. En la base del triángulo escribe un estímulo (objeto, olor, color…) que te recuerde a esa situación.

4. En el borde derecho del triángulo escribe los aprendizajes que te da esa situación.

5. En el borde izquierdo del triángulo escribe las herramientas que tienes actualmente para eliminar esas emociones negativas.

6. Esta herramienta que te doy es un mapa mental en forma de triángulo. Como concepto base, la emoción. Y la ubicación de cada elemento que rodea e integra al triángulo hace que puedas mantener tu foco de atención a ciertas zonas específicas y eliminar de raíz ciertas otras.

Concretamente, una vez que tengas tu triángulo deberás eliminar de raíz lo que se encuentra en la base. Si eliminas olores, colores u objetos que te den recuerdos emocionales negativos de tu vista, esa eliminación favorecerá la superación de esa emoción negativa.

No es baladí que los estímulos que recibimos son gracias a nuestros receptores sensoriales, y estos se mueven y trabajan en nuestro cuerpo gracias a nuestros propios sentidos biológicos (al tacto, al olor, a la vista, al gusto y al olfato). Por ejemplo, es mucho más fácil superar a tu ex, que dormía y vivía contigo, si quitas sus fotos de tu casa, haces una limpieza general y profunda para eliminar su olor, dejas de cocinar la comida que comía, le dejas de seguir en las redes sociales, eliminas su contacto de teléfono, etc.

Todas estas acciones evidentemente suponen un esfuerzo y es difícil no recaer a la larga si no se eliminan bien todos los estímulos y todas esas cosas que tenías apuntadas en la base del triángulo. Es por eso por lo que existe el lado izquierdo y el derecho.

En el izquierdo, tal y como te expliqué, tienes las herramientas necesarias para eliminar esas emociones negativas. En esa lista puedes escribir cosas del tipo: Fregona (para quitar la huella de sus zapatos en mi casa), Ambientador (para quitar el olor de esa persona de mi casa), Reestructuración del mobiliario (para sentir que vivo en un espacio diferente al que compartía con esa persona), Basura (para tirar aquellas cosas que me recuerden a esa persona), etc. Mientras que el derecho es algo más reflexivo. El derecho no está tan relacionado con las acciones y por tanto es importante hacerlo siempre antes que el izquierdo. En ese lado tendrás que pensar fríamente qué has aprendido con esa situación que te ha generado esa emoción negativa. Este paso es clave, pues te permitirá analizar las posibles herramientas que tienes a tu disposición para hacer frente a esa situación y generar un cambio en la emoción que se sitúa en el centro del triángulo.

Esta herramienta pretende hacer un *mix* entre lo emocional y lo racional. Por una parte, pone la emoción en el centro de la pirámide, lo que permite darle importancia vital y que el objetivo de esta herramienta sea el propio cambio de esa emoción a una que genere mayor bienestar, a la par que muchas de las actuaciones que te puede invitar a hacer esta herramienta sean actuaciones que salgan de tu emoción y de cómo vives esa situación en ese momento. Mientras tanto, se tiene también en cuenta la reflexión previa antes de tomar una iniciativa. Se tiene que reflexionar sobre lo que uno/a ha aprendido antes de hacer las cosas.

Si piensas en lo que aprendes, eso te llevará a pensar en cómo desaprender si consideras que esa situación te afecta gravemente o cómo valorar tu situación de una manera diferente antes de tomar ninguna acción. A veces no hacer nada también es una solución correcta. Recordemos que todo tiene matices, dependiendo de la situación en la que te encuentres.

Recuerda que la creatividad, a la hora de exponer tus aprendizajes y tus herramientas, hace que pueda ser más efectiva esta técnica para superar emociones negativas.

DESPEDIRSE PARA SUPERAR EL DUELO

Dedicado a la que fue mi mejor amiga y consejera. A la persona de la que me despedí.

Este es quizá el capítulo más emotivo que escribo. Me encanta hablar de esta experiencia y muy probablemente la recuerde toda mi vida, pues la guardo con mucho amor.

Fue una casualidad muy bonita el tomar la decisión de elegir hacer un trabajo sobre inteligencia emocional en aulas hospitalarias y en aulas convencionales. Era un trabajo de clase donde teníamos que confeccionar un proyecto de investigación en la clase de Métodos y técnicas de investigación (en 2º de Pedagogía).

Ese día, al volver a casa quise buscar libros que yo ya había comprado anteriormente sobre pedagogía hospitalaria, pues me llamaba mucho la atención, ya que nunca se nos habló en ningún momento de ese bloque espacial. Toda la carrera iba enfocada a los colegios, con un enfoque puramente educativo y de orientación escolar. Y eso es un terrible error siendo pedagogía (pequeña crítica al plan educativo de la UIB. Pero con razón y sentido de hacerlo). Con razón la calidad de profesionales después es pésima si gran parte de los que los forman también lo son, salvo tres o cuatro profesores/as contadas. Las puedo contar con una sola mano en todo un claustro universitario... En fin... volvamos al tema que tratamos.

La cosa fue que mis padres me vieron rebuscar entre mis libros y, debido a su curiosidad, me preguntaron qué buscaba y si me podían ayudar. Al principio dudé bastante de su capacidad para ayudarme, sin embargo, por arte de magia, prácticamente mi madre sacó de un baúl que teníamos en el sótano de nuestra casa un libro de Albert Espinosa llamado *El mundo amarillo.* Yo había visto la serie de televisión, que trataba de las mismas historias que había descritas en el libro *Pulseras rojas*, pero no me había leído libro. Pues bien, ese ha sido uno de los pocos libros que he leído a placer en mi vida.

Dentro de mi propia inmersión en la lectura, cegado por lo externo que no tuviera que ver con las letras impresas de aquel libro, ya era bastante viejo, con un tono de color poco agradable a la vista por la humedad que había cogido dentro de ese baúl, leí un capítulo que enseñaba a cómo soltar las cosas y cómo superar fácilmente un duelo.

Y te parecerá una tontería (muchas personas actualmente me lo dicen cada vez que pasan por un duelo) pero «hay que saber despedirse». En sí no digo esa frase tan directamente, sino que intento contextualizarla para darle sentido y que mi entorno no se piense que estoy loco.

Pero en esencia, sí, hay que despedirse. Y me gustaría compartirte cómo me quise despedir de mi mejor amiga cuando ella me dijo que ya no quería seguir manteniendo el contacto conmigo.

La manera que tuve de despedirme fue elegir un día en especial. En concreto fue el día de la Hispanidad del año 2023. En mi caso, es verdad que elegí ese día no por algo especial, sino porque no tenía clase en la universidad y así pude salir a «despedirme de mi amiga».

Ese día lo tengo guardado en un diario, donde fui escribiendo absolutamente todo lo que iba haciendo a lo largo de esa despedida: cómo me iba sintiendo y los recuerdos que me iban surgiendo. Cabe decir que el día anterior preparé una ruta para visitar unos espacios especiales, los cuales eran sitios a donde yo había concurrido con mi mejor amiga. Es decir, espacios que íbamos y tenían algo especial por el hecho de que los recordase con ella y no con nadie más.

Mientras iba a esos sitios (los cuales quiero mantener como privados), tal y como decía antes… escribía. Escribía cómo me sentía y qué recuerdos se asociaban a ese espacio. Todo en un cuadernillo pequeño y a bolígrafo.

Así me pasé un día entero. Recuerdo que pasaron cosas inesperadas, a las cuales les di espacio también, como por ejemplo encontrarme el metro cerrado por ser festivo (que menudos hijos de puta los del transporte público de la TIB. Todo se diga). Y tuve que ir en monopatín eléctrico hasta la plaza de España, donde, al terminar toda mi ruta de despedida, me acabé encontrando la sorpresa de que me habían robado el monopatín unos desconocidos.

Sin embargo, nada de eso me afectó en realidad, porque mi atención estaba en «querer despedirme». Por lo que, sinceramente, me valió verga que me robaran el monopatín eléctrico en ese preciso momento. Tenía otras cosas más importantes de las que preocuparme.

Una vez que hice todo mi «circuito de despedida», me di cuenta de que se me iba desvaneciendo poco a poco la angustia que sentía por haber perdido a mi amiga. Sentía que, por una parte, me acompañaba de otra forma; y por la otra, ya no había daño en mí. Hay que poner en práctica esto para entenderlo mejor, sobre todo para entender qué es exactamente lo que se siente. Es algo increíble.

Pero no terminó allá. La cosa fue que tras hacer todo mi circuito de despedida se lo quise compartir vía escrito a mi amiga. Ella jamás respondió. Tan siquiera sé si lo llegó a leer. Pero me dio igual también, pues ese último mensaje fue la consolidación de la despedida que efectué conmigo mismo y con ella.

Reitero en que esta herramienta es clave para solucionar situaciones idénticas. No similares. Pues el hecho de que exista una similitud que no sea cien por cien idéntica hace que haya matices que se deban tener en cuenta, a diferencia de mi situación, que es una muy concreta para dar vía a esta técnica resolutiva.

Para mejor aclaramiento de los pasos a seguir, te los dejo por escrito de la forma siguiente:

1. Diseñar el día anterior el circuito de despedida que harás.

2. Cuando vayas a los sitios (tienen que ser sitios que te recuerden a esa persona), tienes que anotar qué sientes y qué recuerdas de ese sitio. Sé sincero/a contigo mismo/a.

3. Tienes que quedarte con el recuerdo que escribas.

4. Al terminar tu circuito de despedida tendrás que despedirte (si se puede) de la persona, contándole cómo lo has hecho.

Espero que esta técnica puedas ponerla en práctica y que si necesitas superar un duelo concreto, con características muy idénticas a las mías, pueda funcionarte.

Ya casi llegamos al final del libro. ¡No abandones! Es importante lo que está por venir... *Cha-chán...*

EL CONFLICTO ES INHERENTE AL SER HUMANO

Dedicado al mejor docente del mundo: Carles Baeza.

Hagas lo que hagas. Siempre van a haber conflictos en el mundo. Eso es algo inevitable, y siempre ha sido así. Por tanto, no es baladí esta frase que da título a este capítulo.

Carles nos hablaba casi a diario de la cantidad de conflictos que hay y la cantidad de piedras en el camino que un profesional de las ciencias sociales se puede llegar a encontrar en su trayectoria a la hora de llegar a una meta o cumplir con un objetivo (si es que consigue hacerlo).

Pero algo que quiero rescatar de esta frase y que, para mí, cada vez que la oigo me recuerda a él es que los conflictos están para solucionarlos. Esto que digo parece muy obvio y evidente, pero en muchos casos las personas, delante de un conflicto, optan por abandonar, dar la espalda y hacer como si no pasase nada.

Es un problema ver que, ante los problemas que tiene España para contratar a jóvenes titulados, esos mismos jóvenes decidan emigrar a otros países en vez de generar reformas en su propio país para que las situaciones cambien. Ojo, soy el primero que defiende el hecho de irme a vivir fuera, pero también hay que replantearse si eso es afrontar un conflicto o huir de él.

En situaciones más comunes, como una pelea que surge por culpa de que tu pareja no te ha dicho que se va de viaje sin ti, o que tras salir de fiesta te liaste con alguien o que te han despedido del trabajo… son conflictos que son inherentes a cualquier persona. La cuestión radica en que esos conflictos tienen que solucionarse de alguna manera, y una que aprendí fue la mediación comunicativa.

Esta técnica tiene varias formas de realizarse, unas más complejas que otras pues, es algo que está bastante estudiado. Pero como este libro (ya se ha repetido en casi todos los capítulos) no pretende ser de uso profesional, ni terapéutico, ni de autoayuda, ni sustitutorio de terapia profesional con psicólogos/as, voy a resumir la mediación a una forma más simplificada para los conflictos más cotidianos.

La mediación comunicativa es un proceso que implica facilitar la comunicación entre dos o más partes con el objetivo de resolver conflictos, mejorar la comprensión y promover el diálogo constructivo.

Aquí tienes algunos pasos que pueden ayudarte a realizar una mediación comunicativa efectiva:

Preparación:

- Familiarízate con las partes involucradas y la naturaleza del conflicto.
- Asegúrate de entender las normas y reglas de la mediación.

Establecer un ambiente adecuado:

- Crea un entorno neutral y cómodo.
- Asegúrate de que todas las partes se sientan seguras y respetadas.

Presentación:

- Introduce a todas las partes.
- Explica tu papel como mediador y el propósito de la mediación.

Establecer normas y reglas:

- Establece reglas básicas para el diálogo respetuoso.
- Acuerda un conjunto de normas que todos deben seguir.

Escucha activa:

- Escucha con atención a todas las partes.
- Pide a cada persona que comparta su perspectiva sin interrupciones.

Reformulación y clarificación:

- Resume lo que has escuchado para asegurarte de entender correctamente.
- Pregunta si hay malentendidos y clarifica cualquier punto confuso.

Identificación de problemas:

- Ayuda a las partes a identificar y expresar claramente los problemas en cuestión.
- Fomenta la expresión de emociones de manera constructiva.

Generar opciones:

- Anima a las partes a proponer soluciones.

- Facilita la creatividad y el pensamiento colaborativo.

Negociación:

- Ayuda a las partes a analizar las opciones y llegar a acuerdos mutuos.

- Mantén un equilibrio y asegúrate de que ninguna parte se sienta marginada.

Acuerdo por escrito:

- Si es posible, documenta el acuerdo alcanzado por las partes.

- Asegúrate de que todas las partes comprendan y acepten los términos.

Seguimiento:

- Realiza un seguimiento después de un período de tiempo para verificar el cumplimiento del acuerdo.

- Ofrece apoyo continuo si es necesario.

Recuerda que cada mediación es única y puede requerir adaptaciones según las circunstancias. La neutralidad, la empatía y la imparcialidad son fundamentales para ser un mediador eficaz. Además, es esencial tener habilidades de comunicación sólidas y ser capaz de gestionar las emociones de las partes involucradas.

La mediación es fundamental porque proporciona un marco estructurado y equitativo para la resolución de conflictos, fomentando la comunicación abierta y la colaboración entre las partes en disputa, lo que no solo facilita la búsqueda de soluciones consensuadas, sino que también promueve la comprensión mutua y fortalece las relaciones a largo plazo.

Al evitar procedimientos legales adversariales, la mediación reduce costos y tiempos, al tiempo que empodera a las partes para diseñar acuerdos personalizados que reflejen sus necesidades y valores.

Además, al abordar de manera proactiva las emociones y preocupaciones subyacentes, la mediación no solo resuelve disputas superficiales, sino que también aborda las raíces del conflicto, contribuyendo así a la prevención de futuros desacuerdos y cultivando un clima de respeto y cooperación.

En última instancia, la mediación no solo ofrece soluciones pragmáticas, sino que también nutre la autonomía y la responsabilidad de las partes, construyendo puentes hacia una sociedad más justa y armoniosa.

Si la mediación no existiera, las sociedades enfrentarían un aumento significativo en conflictos irresolubles, con un aumento consiguiente en la carga de los sistemas legales y judiciales.

La ausencia de este proceso estructurado dejaría a las partes en disputa con pocas alternativas más allá de recurrir a costosos y prolongados litigios, contribuyendo a la congestión de los tribunales y a la acumulación de casos no resueltos.

La falta de una vía efectiva para abordar los desacuerdos también alimentaría la polarización y la escalada de conflictos, ya que las partes podrían recurrir a métodos menos constructivos para resolver sus diferencias.

Además, la ausencia de mediación privaría a las personas de una herramienta valiosa para preservar relaciones personales, profesionales y comunitarias. La oportunidad de resolver disputas de manera colaborativa y voluntaria se perdería, lo que podría resultar en la degradación de la cohesión social y el deterioro de la confianza en la capacidad de la sociedad para resolver problemas de manera justa y equitativa.

Aprovecho para añadir en esta fase de la escritura que, si bien es cierto que el conflicto es inherente al ser humano, es de vital importancia huir de él cuando este se presenta y genera una amenaza para la supervivencia humana. Es decir, si el conflicto atenta contra tu vida o la de un ser querido, no hay otra alternativa que no sea la de huir para salvarte a ti y a los tuyos en caso de situación de peligro.

NO TE OLVIDES

*Lo último que me dijo mi psicóloga en
una de mis sesiones terapéuticas.*

¿Te ha pasado alguna vez que sientes la necesidad de rescatar recuerdos? A mí sí. Concretamente, aquellos recuerdos tan preciados, los cuales son todos esos avances que he dado en mi vida, en mi desarrollo como persona. Esos —a veces— los olvido.

Y es que la memoria es selectiva. Y es selectiva porque selecciona. Es decir, en ocasiones selecciona una serie de cosas, conductas, pensamientos, etc., que considero que son o pueden llegar a ser favorables y en otras ocasiones no tanto.

Es importante rescatar qué considero favorable y qué no. Y es que tanto lo favorable como lo no favorable tienen esencia en cómo te afectan a ti las cosas. Es decir, si aquellas conductas o pensamientos te afectan negativamente serán desfavorables y si te afectan positivamente, serán favorables.

La cuestión es que, en muchas ocasiones, ocurre un fenómeno al que llamo *nube de recuerdos.* Esa nube atrapa. Esa nube atrae. Pero lo hace de forma que, aquellas cosas que pensabas que estaban superadas, no lo están tanto. O que aquellas cosas que en una ocasión pudiste solucionar, no sirven en el futuro, porque ya no recuerdas la solución que aplicaste.

A veces nos olvidamos de lo bueno que hemos hecho y de lo bueno/a que somos con los demás, y nos juzgamos. De ahí que mi psicóloga un día me dijera que tengo que evitar olvidarme. Que no me olvide de mis palabras ni de mis avances.

No sé si seré el único a quien le pasa esto, pero me es fácil identificar cuando siento que puedo dar más de mí mismo, de tener un nivel de exigencia elevado. Yo me suelo olvidar de las cosas buenas, debido a eso esencialmente.

También, me suelo olvidar de las cosas buenas debido a una elevada carga de cosas malas que he vivido o me han afectado. Es por ello también que sentí que, al poder relativizar las cosas importantes de las que no lo son tanto, me podría ayudar a controlar mejor mis emociones de los estímulos que recibo. Pues es en ocasiones lo único que se puede es controlar las emociones propias.

Pienso que es indispensable conocer el origen de un malestar. Incluso si tu malestar es olvidar y juzgarse sin tener en cuenta los avances y mejoras que se han hecho. No es una autoevaluación sana, ni tampoco justa, ver solamente las cosas negativas.

Por tanto, un primer paso para esto, y para cualquier otra práctica, es identificar los *porqués.* Conocer por qué te sientes de esa forma, con el objetivo de llegar al origen. Y a veces se tarda un tiempo. No es rápido conocer el porqué de algo que se desconoce. Tiene su proceso. Pero ese es el primer paso.

Para ello, cuando olvidas lo que has hecho bien y solo recuerdas lo que has hecho mal (que en la mayoría de las ocasiones viene relacionado con aspectos de autoestima y autoconocimiento) porque «lo bueno» se oculta en aquella nube de recuerdos, yo te recomiendo escribir. Escribir las cosas buenas que haces a diario. Aunque sea algo que resulte banal, escríbelo.

Cuando lo hayas escrito, ten en cuenta que eso no debe quedarse allí. Eso debe tener una misión y una función que sea que, semanalmente, leas todas aquellas cosas que has escrito con el paso del tiempo. En el momento que tengas libre, no sepas que hacer o te aburras, léelo.

Cuando lo hayas leído, *a posteriori*, escribe al lado, o debajo, de aquella cosa buena o positiva, qué te hace sentir y qué consecuencias positivas ha traído consigo en el futuro. En definitiva, qué recuerdos positivos te ha generado.

Al final, date un premio. Elige algo que te gusta hacer y, como regalo a ti mismo/a, prémiate, no por haber hecho esa cosa positiva, sino por recordarla como algo positivo, por acordarte de tus avances como persona. Eso también merece ser premiado y valorado.

Yo recordé mis avances solo cuando mi psicóloga me los mencionó. Y enseguida los fui a anotar para no olvidarlos. Son demasiado valiosos como para olvidarlos. Son parte de mí. La verdad es que siempre le he agradecido que me los recordase, sobre todo cuando yo me olvidé de ellos o los recordé de forma difusa por causa de esa nube.

Desde ese entonces, a la semana siguiente de haberlos escrito, hice el ejercicio y, como premio, me fui al cine solo. Fue especial ese día, y todavía guardo la entrada.

Fue especial porque consideré que ir al cine (algo que igual resulta banal) era un premio por recordar las cosas buenas que tengo, que hice y que soy.

Te dejo los pasos estructurados aquí para que te sea más fácil visualizarlos:

1. Conocer los porqués. Identificar qué hay en tu nube de recuerdos.

2. Escribir las cosas que haces bien. Que te hacen sentir bien.

3. Leerlas semanalmente.

4. Escribir qué recuerdos positivos te ha generado.

5. Darte un premio por acordarte.

CAPÍTULO SORPRESA

Aplicaciones de técnicas agrupadas.
El embudo de las importancias.

Hemos llegado al final de las frases. He querido dejar este último espacio para escribir mi propia frase y que tú puedas aprender de ella con todo el *flow*.

Hemos visto múltiples reflexiones y múltiples herramientas para diferentes contextos y situaciones. Probablemente sientas que tienes mucho trabajo por hacer, si decides seguir en algún caso mis instrucciones, pero eso está bien. Yo también necesito trabajar mucho todavía, por lo que este libro no deja de ser una invitación al trabajo ¡Y qué bonito que sería que se sintiera de esa manera, como una invitación!

En este capítulo vamos a intentar agrupar una serie de herramientas que he mencionado ya en este libro, y poner un ejemplo real (propio) para que puedas ver cómo se pueden agrupar y fusionar diferentes herramientas. Así, en cierto modo, me quedo tranquilo de que sacarás una mínima pizca de creatividad para que las decisiones en tu vida sean tuyas y no mías.

Muchos libros de autoayuda te dicen que «tienen la clave» para poder enseñarte cosas nuevas y el poder de hacer que tú cambies gracias a ellos. Pero en mi caso, como no soy psicólogo ni pretendo sustituir esa profesión tan bonita y necesaria en la vida de todos, simplemente busco compartirte mis experiencias y las cosas que aprendí en mis últimos años con frases que me marcaron.

Por eso, creo que es necesario mostrarte un último ejemplo para que veas cómo puedes aplicar varias cosas de las que has leído aquí en una sola y de forma creativa. Las fusiones las inventarás tú, desde tu originalidad.

Vamos a hablar de un caso particular mío. Es el punto donde me encuentro actualmente, 1 de noviembre de 2023.

En este momento, debido a un tiempo reflexionando y leyendo a muchas personas, me he dado cuenta de que soy una persona muy ansiosa por la vida. Pero lo que es más curioso es que esa ansiedad por la vida se debe a que busco tener el control por las cosas que considero que son importantes para mí. Y no solamente eso, sino que todo aquello que considero importante y quiero tener el control, busco tenerlo dominado lo antes posible. Por tanto, es importante describir cómo mi cerebro relaciona esta idea. Lo hace de la siguiente manera:

Control = (Tiempo Restante) = Importancia

Concretamente, me encuentro —en este momento— en disposición de menos de un mes para entregar cinco trabajos finales en la universidad, de los cuales dependerá la nota de todas las asignaturas de este semestre. Esos trabajos son en grupo y la velocidad por la que ellos —miembros del grupo— están decidiendo trabajar es totalmente diferente a la mía. Eso se debe a que los demás integrantes de los grupos trabajan cuando yo no lo hago, viven solos cuando yo vivo con mis padres y tienen otras obligaciones y tareas (como el caso de una compañera, que tiene que cuidar de sus hijos) que yo no tengo en mi día a día.

Por mi parte, yo decido tomar las riendas de todos mis trabajos grupales, y eso me genera más agobio y ganas por querer terminarlo todo cuanto antes.

La decisión por la cual yo decido tomar las riendas y «echarme el equipo a la espalda» se debe a que no he pasado por el embudo de las importancias el tema de los trabajos grupales de la universidad, cuando el resto de mis compañeros sí lo han hecho.

Ante esta situación no puedo juzgar el hecho de que mis compañeros hayan filtrado los trabajos finales de la universidad como algo menos importante en sus vidas de lo que para mí lo es en la mía. Ellos tienen otras situaciones y circunstancias vitales que les limita mucho el poder establecer esos trabajos como algo «de vida o muerte». Sin embargo, para mí sí son algo de vida o muerte.

Entonces, dicho esto, vamos con una de las mil herramientas fusión que existen:

En esta herramienta vamos a fusionar cuatro (dos de ellas ya las expliqué, otra la mencioné y la última nos servirá para las variables extrañas). En este caso elegimos fusionar el diccionario individualizado, el modelo biopsicosocial, el embudo de las cosas importantes y la técnica 10-10-10 de Suzy Welch. Pero para ello, como todavía no conoces estas dos últimas herramientas, déjame que te las explique de forma muy sencilla y breve. No tienen mucho misterio.

Empezamos con la técnica 10-10-10 de Suzy Welch. Esta herramienta es una técnica de reflexión de situaciones y de cómo la intensidad de un suceso va menguando con el paso del tiempo (esto no significa que el tiempo lo cura todo, sino que las cosas pierden la intensidad de su importancia con el paso del tiempo). Esta técnica, como servirá para los posibles imprevistos que puedan ocurrir (variables extrañas) y que no nos afecten (como no llegar a tiempo a la fecha de entrega por mucho que se dedique uno a hacer los trabajos), la llamaremos «herramienta de defensa».

Se trata de pensar que una situación a los 10 minutos genera una elevada intensidad de emociones (generalmente negativas), a los 10 días es probable que no lo recuerdes, o si lo recuerdas que lo vivas de una manera menos «intensa», y que a los 10 meses muy seguramente ni lo recuerdes, o si lo haces es probable que te invada lo que se conoce como Efecto Mandela (recuerdos falsos o recreados erróneamente). Esta herramienta nos permitirá dar apoyo a la hora de establecer los elementos base de la otra herramienta que no hemos explicado. Me refiero al embudo de las importancias. Esta técnica da nombre a este capítulo porque va a ser la «herramienta capitán» para superar la ansiedad que me genera la situación expresada anteriormente. Es muy importante definir cuál será tu herramienta capitán cuando decidas fusionar varias, porque va a ser la principal de todas ellas.

Esta herramienta trata de escribir y, posteriormente, clasificar todas las cosas que consideras importantes (todas aquellas que hayan pasado por una reflexión previa, mediante la técnica 10-10-10 de Suzy Welch). Poder escribirlas en un papel ya hará que filtres varias cosas que pensabas que eran importantes y que en realidad no lo son. Posteriormente, hago una escala parecida a:

Evalúa la importancia que tiene el 1, que es «poco importante», y el 4, «muy importante».

Una vez hecha la escala, filtra y elimina de las cosas importantes aquellas que pertenezcan al 1 y al 2. (Tú estableces qué valor le das a cada número, pero es importante que la escala solo tenga números pares, como 4-6-8. Para no posicionarte en un centro).

Finalmente, de las cosas que te quedan en la lista de tus cosas importantes, piensa en esta pregunta: ¿En cuáles tienes tú el control de poder hacer algún cambio o mejora?

En mi caso, por ejemplo, yo tengo el control sobre lo que yo puedo hacer con mi tiempo libre. Y mi tiempo libre lo he incluido en mi lista de cosas importantes. Por tanto, eso no lo filtraría y se quedaría dentro de la lista.

Sin embargo, la procrastinación de los demás con relación a los trabajos de la universidad es algo importante para mí porque me afecta emocionalmente ver que yo hago todo y el resto no hace nada, pero como no está bajo mi control debo filtrarla y eliminarla de la lista de mis cosas importantes.

Por tanto, lo único que debe de quedar en la lista son aquellas cosas que de verdad son cien por cien importantes para mí y las que son posibles de controlar. Las demás, se deben de filtrar y por tanto eliminar. Así nos permitimos racionalizar las cosas que son importantes de las que no.

La idea del embudo de las cosas importantes no es hacer que todo te valga 10 km de verga y te conviertas en un pasota, sino dar importancia a las cosas que de verdad son importantes y relativizar la importancia de las emociones que tienes y de las situaciones por las que vives. Es por ello importante determinar qué cosas pueden filtrarse y qué cosas no. Y por ello, es imprescindible basarse en un marco conceptual científico. El más recomendable que te propongo es que sea el modelo biopsicosocial, que será la tercera herramienta que se pone en acción en esta técnica fusión.

¿Por qué decido y recomiendo que sea esta? Por la simple razón de que todo aquello que tiene que ver con salud física, salud psíquica y salud social no debe filtrarse bajo ningún concepto. Esas tres cosas son inexpugnables e imposibles de ser filtradas por nada en el mundo.

Tu salud, en términos generales, es lo más importante que tienes y lo que más debes de cuidar, por encima de cualquier otra cosa. Y es, por tanto, imprescindible clasificar este marco conceptual como «herramienta suplente», pues, aunque no actúe como tal, siempre hay que tenerla en cuenta por si algunas de las otras fallan o se usan de una manera inadecuada.

Finalmente, se encuentra la herramienta delantera (no siempre es necesario, pero en mi caso sí lo era, ya que se trata de trabajos en grupo; y debido a ello hay más personas que intervienen en la situación). Esta herramienta muy probable te imagines para qué puede ser utilizada.

En mi caso, yo la utilicé para aclarar qué es lo más importante para mis compañeros y qué es lo más importante para mí, y así conocer el contexto en el cual me encuentro y el cual he descrito anteriormente.

Como ves, todas las herramientas no solo sirven para situaciones concretas como tal, sino que puedes adaptarlas, agruparlas. Es por esa misma razón por la que he sido muy pesado todo este rato que hemos compartido estas líneas y capítulos, intentando hacerte ver lo importante que eres tú en las decisiones que llegues a tomar en la vida. Es muy importante tu originalidad y creatividad a la hora de tomar estas decisiones, porque hace que tú mismo/a seas capaz de crear herramientas o técnicas, o como quieras llamarlo, NUEVAS.

El orden de los tres últimos pasos lo considero indiferente, siempre y cuando sepas y tengas claro cuáles son. La primera herramienta, en mi caso, es imprescindible que sea la primera para conocer el contexto previamente:

1. Elegir una herramienta de delantera. En mi caso, el diccionario individualizado. Para conocer el contexto de los demás, si se trata de algo que afecta a varias personas.

2. Elegir una herramienta de capitán. En mi caso, el embudo de las importancias, Para determinar la acción *per se.*

3. Elegir una herramienta de defensa. En mi caso, la técnica 10-10-10 de Suzy Welch. Para apoyar a la herramienta capitán.

4. Elegir una herramienta suplente. En mi caso, el modelo biopsicosocial. Para establecer un marco conceptual.

RECOMENDACIONES DE LECTURAS POSTERIORES

Después de devorar un libro, siempre llega el momento de decidir qué aventura literaria sigue. Estamos en ese espacio entre historias, donde las emociones del último capítulo aún reverberan. Y la pregunta es: ¿Hacia dónde vamos ahora? La elección del próximo libro es crucial, ¿verdad? Puede prolongar la onda emocional de la última lectura o lanzarnos a territorios inexplorados. En este cruce de caminos literarios, te invito a explorar terrenos que amplíen y complementen las ideas y emociones destiladas en la obra recién terminada.

Si el libro que acabas de leer, el cual me costó unas cuantas semanas terminar, te ha llevado por un laberinto de revelaciones y nuevos conocimientos, quizás quieras seguir con obras que sigan explorando la intriga y la complejidad humanas, pero de una forma más «profesional». Estas páginas que has leído también pretenden despertar la curiosidad y te incitan a desentrañar verdades ocultas. Considero que divulgar conocimiento es siempre más primordial que enseñarlo, como mínimo viene antes. Y estas líneas que he dejado por escrito son, en mi humilde opinión, una buena base para nuevas travesías literarias.

Y si esta lectura te tocó temas universales, como el amor, la pérdida o la redención, la siguiente puede ser una oportunidad para profundizar en esos temas desde perspectivas diferentes. La literatura es un vasto paisaje que te permite explorar la complejidad de las relaciones humanas y las distintas facetas de la condición humana.

La elección de tu próxima lectura puede ser una extensión temática, emocional o filosófica, de lo que acabas de experimentar, o también puede ser un salto audaz hacia nuevos géneros literarios.

En cualquier caso, elegir un libro es tanto una búsqueda de continuidad como una exploración de nuevas posibilidades.

Así que, en este espacio de elección literaria, te invito a reflexionar sobre las impresiones y reflexiones que el último libro dejó en ti, y a pensar cómo puedes llevar esa experiencia a nuevas alturas a través de la literatura que está por venir. La lectura es, después de todo, una conversación constante entre el autor y el lector, y cada libro es una oportunidad para continuar esa charla o empezar una completamente nueva. Así que, ¡a explorar se ha dicho!

A continuación, en las próximas páginas, te dejo aquellos libros que me inspiraron para realizar este. No fueron muchos, pero seguramente leerlos te lleven a otras lecturas más profundas.

Muchas gracias por elegirme y querer aprender de estas frases que fueron y son vitales en mi vida y, espero que, tras leer este libro, también alguna sea importante en la tuya.

¡Gracias, y nos vemos pronto!

REFERENCIAS BIBLIOGRÁFICAS

Alonso Puig, M. (2012). *Reinventarse: Tu segunda oportunidad*. Plataforma Editorial.

Bona, C. (2015). *La nueva educación: Los retos y desafíos de un maestro de hoy.* Editorial Plaza y Janés.

Cala, I. (2017). *Despierta con Cala: Inspiraciones para una vida en equilibrio*. Pinguin Random House Grupo Editorial.

Cazcarra, M. (2023). *Amor sano, amor del bueno. Una guía para convertir tu relación en un lugar seguro para ti y para tu pareja.* Grijalbo. Penguin Random House Grupo Editorial.

Clear, J. (2019). *Hábitos atómicos. Cambios pequeños, resultados extraordinarios.* Diana. Ed: Planeta.

Congost, S. (2019). *Autoestima automática: Cree en ti y alcanza tus metas*. Editorial Planeta.

Espinosa, A. (2012). *El mundo amarillo. Si crees en los sueños, ellos se crearán.* Debolsillo. Ed: Random House Mondadori.

Fernández, S. (2014). *Vivir sin jefe: El libro que hará que ames trabajar por tu cuenta*. Conecta.

Mora Teruel, F. (2013). *Neuroeducación: Solo se puede aprender aquello que se ama.* Ediciones Pirámide.

Pérez, A. (2023). *Terapia para llevar. 100 herramientas psicológicas para llevar mejor tu día a día.* Montena. Penguin Random House Grupo Editorial.

Punset, E. (2012). *Una mochila para el universo: 21 rutas para vivir con nuestras emociones.* Editorial Aguilar.

Riso, W. (2009). *Amar o depender: Como superar el apego afectivo y hacer del amor una experiencia plena y saludable.* Grupo Editorial Norma.

Rojas Estapé, M. (2018). *Cómo hacer que te pasen cosas buenas.* Espasa.

Santandreu, R. (2012). *El arte de no amargarse la vida.* Grijalbo.

Savater, F. (1991). *Ética para Amador.* Editorial Ariel.

Tierno, B. (2007). *Aprendo a pensar: 101 preguntas y respuestas para ejercitar la mente.* Espasa Calpe.

Urra Portillo, J. (2013). *Educar con serenidad: Soluciones creativas para padres desesperados.* Editorial Espasa.